高校经济活动内部控制研究

邵积荣 著

羊城晚报出版社
·广州·

图书在版编目（CIP）数据

高校经济活动内部控制研究 / 邵积荣著. —广州：羊城晚报出版社，2017.8

ISBN 978-7-5543-0469-3

Ⅰ. ①高… Ⅱ. ①邵… Ⅲ. ①高等学校—经济控制—研究 Ⅳ. ①G647.5

中国版本图书馆CIP数据核字（2017）第190025号

高校经济活动内部控制研究

Gaoxiao Jingji Huodong Neibu Kongzhi Yanjiu

策划编辑 吴 江
责任编辑 黄捷生
责任技编 张广生
装帧设计 友间文化
责任校对 杨 群
出版发行 羊城晚报出版社
（广州市天河区黄埔大道中309号羊城创意产业园3-13B 邮编：510665）
发行部电话：（020）87133824
出 版 人 吴 江
经　　销 广东新华发行集团股份有限公司
印　　刷 广州市穗彩印务有限公司
规　　格 787毫米×1092毫米 1/16 印张14.25 字数270千
版　　次 2017年8月第1版 2017年8月第1次印刷
书　　号 ISBN 978-7-5543-0469-3
定　　价 48.00元

前言

一、管理离不开内部控制

我于1983年参加工作，35年来，先后在学校的后勤、财务、资产、社会合作和审计部门担任过负责人，还兼任过班主任、团支书、党支书和工会主席，被市委组织部借调参与企业绩效评价及人才推荐工作。多年的管理生涯，令我感触最深的是，每到一个新的管理岗位，我都有如指挥船队驶入一片陌生的海域，船下是未知的礁石，远方又会是怎样的惊涛骇浪，这样的困惑与迷茫一直在警醒和督促着我向管理大师学习成功经验，寻觅一套“放之四海而皆准”的管理方法和技巧。

通过长期的观察、学习、思考和实践，让我领悟到想要指挥好一支船队，光靠船长的驾驶技术是远远不够的，还要依靠船舶的设备水平，船员们的分工配合，甚至是船长的风险预判，面对突发事件的应对能力等，而这就是内部控制。通过内部控制建设，实现上下牵制，左右制约，形成既相互配合又相互监督的单位文化，对于单位的长期稳定发展至关重要。

首先，内部控制可以实现制度化管理，使单位领导从日常管理抽身出来。单位规模不大时，领导可以事必躬亲，实现全面管理。随着单位规模的扩大，领导要通过个人实现管理全覆盖的可能性就越来越低，因此领导的旨意只能通过管理者“层层传达，层层落实”。

其次，内部控制可以实现常态化管理，使单位职工按章办事成为一种习惯。人时常会有“宽以律己”的侥幸心态，如若没有有效的监督，长此以往，规章制度也只能成为一纸空文，被束之高阁。就如同在没有监控的红绿灯下，依然会有那么一些人无视警示自由穿行，但加装了摄像监控之后，文明驾驶蔚然成风。

最后，内部控制可以实现体系化管理，使单位建立起独特的单位文化。“小治靠人，中治靠制度，大治靠文化”，“人治”难以服众，“制度”过于教条，“文化”则是一种引导大家同心同德的吸引力。一个单位，一旦形成一股昂扬向上的文化，人们就会心情愉悦地把自己的精力投入到岗位工作中来，部门之间就会自觉接受“不相容职务分离”所带来的牵制约束，就会一致处理好单位的每一个复杂的问题。管理的最高境界应该是：人人有事做，事事有人管，事业运转有序，资源使用有效。因此可以认为，不懂得内部控制，就不能说懂得管理。只有重视单位文化建设并善于利用单位文化，才能让单位成为市场竞争的“常青藤”。

二、内部控制的研究永远在路上

“内部控制”的理论和实践最早产生于企业，后来才逐步应用到行政、事业单位，高等院校实施内部控制也不过五年光景，尽管相继出台了《行政事业单位内部控制规范》等文件，但运用到实际管理工作中时，人们难免会存在思想认识方面的偏差。而且正所谓“横看成岭侧成峰，远近高低各不同”，每一位作者的工作阅历以及站立的角度不尽相同，因而对内部控制的着力点自然也不一样，由财务人员研究内部控制建设时，自然会偏重于资金活动的管理；由审计人员研究内部控制建设时，自然会偏向于重点领域的风险防控。因此，不可以认为某一个人或某一本书就能够把内部控制问题研究透、研究好，内部控制的理论和实务研究永远都在路上。

三、审计工作需要研究内部控制

早期单位内部审计部门的职责侧重于根据会计账目对财务收支进行查错防弊，现代内部审计更赋予“体检医生”或“保健医生”职责，工作目标提升为增强单位的“免疫系统”功能。曾经有一段时间，单位的内部审计人员要与供应商谈判采购价格，因为只有经过单位内部审计人员参与过谈判的价格才是可靠的价格。如此一来，人们认识到，物资使用部门只管提出购买需求，物资采购部门只管招标采购，物资采购的价格调查工作全部推到审计部门的头上，姑且不说审计部门难以准确了解整个市场的价格，尤其是不同厂家不同型号的价格，难免步入“雾里看花，水中望月”的境地，单就审计人员对价格进行谈判，其监督者的纯洁性也会备受质疑，难逃既当“裁判员”又当“运动员”的嫌疑。

在2015年的广东省高校审计监督会议上，省纪委驻教育厅纪检组书记就对这种不相容职务不分离的做法提出了严厉的批评。在物资采购过程中，价格调查工作应该是物资使用部门和物资采购部门的职责，因为他们具有了解价格的工作优势（如：校际之间动物实验中心的同行交往比较多，他们对动物及饲养动物粮食的价格自然会更清楚），把他们推到价格调查的前面，他们自然会将“压力”转化为“动力”，把价格问题了解得一清二楚后进行汇报，物资采购部门在此基础上再次进行调查分析，审计部门依据职责对价格调查程序的完整性、合理性、真实性、准确性进行审核。如此一来，既强化了使用部门和采购部门对价格的把关职能，又彰显了审计部门的监督职能。

教育职工“懂得风险识别，增强风险防控能力，提高资源效益”是单位内部控制建设的出发点和落脚点。因此，单位内部审计的最高境界就是单位职工都清楚审计的目的，懂得风险防控，自觉遵守内部控制要求并将内部控制的要求融会到实际工作当中，尽最大的努力化解或降低工作失误，杜绝舞弊行为发生。

南京大学审计学院的乔春华教授认为：“不掌握审计，就不能说是真正懂得会计；不掌握审计，就不能说是真正懂得内部控制。”受乔教授的启发，我认为，不懂得内部控制，就不能说是真正懂得审计和懂得管理。因此，单位内部审计人员不能满足于日常的审计事务，还要对日常工作中遇到的问题进行深入思考，通过完善内部控制实现审计环境优化。

《中国内部审计协会2011年至2015年工作规划》中提到的发展总目标是：“加快构建以风险为导向，以控制为直线，以管理为目标，以增值为目的的现代内部审计模式”，这就是“管理审计为主，财务审计为辅”的新模式。因此，研究高校的内部控制具有明显的实践意义和深远的理论意义。

本书对财务、审计、管理工作者以及高校教学工作者具有一定的指导意义。

在成书过程中，我参阅了大量同行的研究成果，借鉴了不少宝贵的经验，利用了大量可靠的资料，借此机会向为本书提供帮助的师者表示衷心感谢！

所有的内部控制研究都会给人们留下不完整的遗憾，《高校经济活动内部控制研究》这一本书肯定也会存在不少不成熟或不妥之处，敬请各位读者批判指正。

邵积荣
2017年6月6日

目录

0 绪论

一、选题缘由

为了增强和提高风险防控的意识和能力，规范内部管理，2012年，财政部发布《关于印发<行政事业单位内部控制规范（试行）>的通知》（财会〔2012〕21号），规定行政和事业单位从2014年1月1日起执行内部控制规范。2013年，教育部印发《教育部关于做好<行政事业单位内部控制规范（试行）>实施工作通知》（教财函〔2013〕142号），对高校实施内部控制规范的基本原则，主要任务和工作要求做出明确要求。2015年和2016年，财政部先后颁布《关于全面推进行政事业单位内部控制建设的指导意见》（财会〔2015〕24号）和《关于开展行政事业单位内部控制基础性评价工作的通知》（财会〔2016〕11号）两份文件，行政和事业单位的内部控制工作由布置建设实施阶段向检查评价落实阶段发展。

本来，2012年以后行政事业单位在国家和主管部门的系列规定的指引下应该跨入管理“系统化、规范化”的新时期。可是，能够像当年企业实施内部控制时那样认真对照文件要求实施内部控制的行政事业单位少之又少。不重视内部控制、不懂得内部控制、治理结构陈旧、资金使用效益低下，仍然是当下行政事业单位普遍存在的问题。

高等院校资金来源既有政府的常规拨款、科研专项拨款、基建专项拨款，又有服务对象的缴费收入、租金收入、科研创收收入和下属单位上缴收入，还有社会和校友的捐赠收入，一般大学每年都会取得5亿左右的收入，清华北大等知名学府的年收入甚至可达120亿元。有相应的收入必有相应的支出，高等院校虽然资金来源渠道多，但是支出花样也多，是事业单位的典型代表。把高校内部控制的制度建设、实施措施和相关程序研究好，不仅能够指导高校加强内部控制管理，对帮助行政和事业单位扭转管理落后、资金使用效益低下的局面也具有深远的意义。

二、高校经济活动内部控制存在的问题

大学是培养人才的摇篮，担负着国家振兴和人类进步的重任。2012年起，国家每年安排教育事业的拨款比例达到GDP的4%。庞大的财政拨款、多渠道的创收以及监管部门权力不断下放，让大学拥有极大的办学自主权，大学不再是“清水衙门”，大学负责人也不再是“无权无势”的“教书匠”。资金如何分配才会科学合理，人事如何调配才会充分有效，大学的人财物管理急需清正廉明的决策者、循规蹈矩的执行者、通畅自如又永不脱轨的内部管理体系。

“德高为师，身正为范”，教师应该是道德的典范。然而，从中央纪委监察部网站公布的数据来看，2015年有34所高校的53名领导受到调查处分，平均每周就有一名高校领导被通报。从2016年北京、山西和广东等省（市）巡视组公布的反馈巡视意见来看，高校“蛀虫”又有抬头、躁动之势。这表明《行政事业单位内部控制规范（试行）》的颁布实施并未得到高校领导和员工的实质重视，并未改变高校员工的定式思维和惯性运行，也充分暴露了高校存在内部控制环境弱化、风险防范意识淡薄、内部控制制度不健全、内部监督不到位等管理短板。

严峻的现实呼唤高校管理工作者对当前高校内部控制的健全性和有效性进行深刻检讨，并在检讨的基础上对如何发挥内部控制“内生性”作用进行深入研究。

三、国内外高校经济活动内部控制研究状况述评

国外最早研究和实施高校内部控制的国家是美国。1912年，R. H. 蒙哥马利在《审计：理论与实践》一书中提出“内部牵制”理论，这是现代内部控制作为一个完整的概念被首次提出。1992年，美国反虚假报告委员会下属发起人组织委员会（COSO）发布的《内部控制——整体框架》（简称COSO报告）是内部控制理论与实务的权威性文献，具有里程碑意义，标志着美国内部控制模式的形成。

美国公立高校治理结构由董事会、行政委员会与学术评议会三者组成，互相制约这种治理结构对于我国公办高校发展有很大的借鉴作用。

我国高校内部控制的研究大体始于1985年，从公开发行的各级刊物查阅到的资料统计，三十多年来，共有6360多篇论文对高校内部控制方面进行了研究。近五年，研究观点可归纳为四个方面：

（一）关于高校内部控制构建迫切性研究。最早提出高校内部控制必要性的是张莉华（1999）。乔春华（2014）在《高校内部控制研究》一书中提到，基建工程、招标采购、招生、人事、校办产业、财务、投资、学术等领域是高校腐败高风险区域，提出了风险无处不在、无时不有，内部控制必不可少，内部控制应无死角的观点，并首次提出政府、事业单位的行政事务控制比企业更为必要的观点。

（二）关于高校内部控制体系构建的研究。李万明、孙亚军（2012）对高校内部控制框架构建体系进行了研究，认为高校的内部控制应结合高校特点从八个方面，即：控制环境、控制目标、预算编制、风险识别、控制措施、信息及沟通、监督与检查、绩效评价与激励进行构建。

（三）关于高校内部控制规范性研究。宋文秀（2015）对高校内部建设提出的相应对策是：营造良好的内部控制环境和构建完善的内部控制制度，完善评估机制，设计并落实控制活动的有效实施，信息与沟通透明通畅，强化监督机制。

（四）关于落实高校内部控制要求研究。董飚（2016）认为，高校要真正实现内部控制，亟须先扫除六大障碍：领导不协调、财务不主抓、内审监督流于形式、整体不联动、业财不整合、责任不追究。

近年来，对高校内部控制进行研究的人员众多，说明高校内部控制确实是一个备受关注的热点问题。

四、高校经济活动内部控制研究应当关注的重点和难点问题

（一）应当关注的重点。内部控制环境是高校内部控制建立和实施的基本前提。高校的内部控制应该是由党委、行政、全体师生员工共同来实施的一系列控制活动。令人遗憾的是绝大多数高校领导和员工对内部控制的概念、作用、控制对象、操作流程等缺乏必要的了解，导致对高校内部控制的认识不确切不全面。因此，如何营造出“领导重视、部门协作、全员参与”的内部控制制度建设环境，让内部控制的理念深入人心，这就是《高校经济活动内部控制研究》一书需要关注的重点。

（二）应当关注的难点。让高校内部控制真正运转起来，最基本的一条就是各高校都要根据《行政事业单位内部控制规范（试行）》梳理本单位各类经济活动的业务流程，明确业务环节，系统分析经济活动风险，确定风险点，选择风险对策，在此基础上建立健全本单位各项内部管理制度并督促相关工作人员认真执行。然而，政策落地，既不能有悖《行政事业单位内部控制规范（试行）》精神，又不能脱离管理实际，如何在规范性和可操作性之间找到一个平衡点，十分困难。具体表现为：

1.每所高校都有自己的校园文化，都会或多或少地受到地方文化的影响，如何建立起一套既符合国家政策要求又符合学校实际的内部控制系统，难度相当大。

2.内部控制是由员工来执行的，员工既是控制的主体，又是控制的对象，控制与被控制是一对矛盾，如何做到人人都从大局出发，从管理需要出发，自觉维护内部控制的客观性，难度相当大。

3.开展内部控制评估不可缺少评价体系和标准，当前国家层面并没有完整的评价体系和标准，高校推动内部控制评价工作以及对评估结果的运用十分困难。

4.高校的内部控制工作是一项综合工程，既需要财务、审计、纪检监察、政府采购、基建、资产管理等部门的全力配合，又需要一个懂管理的牵头部门，在不增加部门职数与精简机构的情况下，如何确定高校内部控制的牵头部门是本书不可回避的难点问题。

五、对高校经济活动内部控制进行研究的现实意义

我国在2012年实现了国家财政性教育经费支出占GDP4%的目标，这是教育发展史上一个新的里程碑。随着财政教育投入的大幅度增长，用好管好教育经费的任务日益突出。实施内部控制规范，是加强教育经费监管的重要举措，是完善教育行政事业单位内部治理结构、建立现代学校制度的必然选择。

由于本书是为解决工作困惑而撰写的，所以研究的针对性特别明显：

（一）通过研究，有利于帮助高校找到营造全员参与内部控制的路径。任何工作的开展都离不开群众的广泛支持和积极参与，因此，本书将高校内部控制环境建设作为研究的重点。相信通过系统分析和归纳国内高校管理共性，可以帮助找到营造“领导重视、部门协作、全员参与”的路径。

（二）通过研究，有利于帮助高校找到建立健全内部管理制度的方案。《行政事业单位内部控制规范（试行）》要求单位在建立与实施内部控制时应当遵循“全面性、重要性、制衡性和适应性”的原则。通过研读与高校内部控制相关的国家政策（包括教育、财经和审计等方面的政策），归纳整理理论界的研究观点，比对多所高校的调查结果，可以帮助找到实现决策、执行和监督相互分离、相互制约的内部控制制度建设方案。

（三）通过研究，有利于帮助找到完善内部控制工作机制的相应对策。在了解内部控制建设要求和多所高校具体做法的基础上，通过对高校经济管理岗位职责及人员结构状况的全面比对，能够灵活有效地明确单位内部控制牵头部门，建立经济活动风险定期评估机制，将内部控制建设和实施情况纳入日常监管范围，加快推进教育资金审计“全覆盖”的建设进程。

（四）通过研究，可以为完善高校内部管理提供更多的参考资料。虽然国内不乏针对内部控制进行研究的文章，但大部分的文章都是站在财务层面进行分析的，站在单位层面和业务层面进行全面论述的文章（包括著作）并不多见。本书作者长期在高校从事管理、服务和监督工作，具有多岗位工作履历，具备梳理高校各类经济活动的业务流程、明确业务环节、系统分析经济活动风险、确定风险点并选择风险应对策略的能力。本书可以弥补国内高校内部控制研究存在的理论碎片化多全面论述少、业务层面研究多单位层面论述少、文字表述多流程图表少、纯高校研究多结合企业研究少的缺陷，为行政事业单位和企业单位提供更多完善内部控制方面的理论资料。

1

第一章

高校内部控制的起源研究

第一节

内部控制的起源

在我国，内部控制是从内部牵制发展起来的，内部牵制是以账目间的相互核对为主要内容并实施岗位分离，以确保所有账目正确无误的一种控制机制。目前，有史可查的内部控制制度可追溯到中国的西周时期①。据《周礼》记载，西周王朝设有天官冢宰、地官司徒、春官宗伯、夏官司马、秋官司寇和冬官司空等六大官职。在天官冢宰之下分设大府、王府、内府、外府、职币等机构，分开管理王朝的财物；而财物的收入、使用、保管及记账分别由不同官员实施；这实质就是今天的内部牵制。宰夫行使稽核职权，负责组织对财物保管部门年度、月度、旬度的财物出入和经济收支情况进行稽核，其实质就是今天的内部稽核。由此可见，我国在西周时期就出现了内部牵制与内部稽核。

国外内部控制起源于公元前3600年的美索不达米亚文化时期，在当时的会计工作中，就存在内部牵制的思想。曾规定，经手钱财的人要为付出款项制作付款清单，并由另一个记录员将这些清单汇总报告②。

---

① 李敏.企业内部控制规范[M].上海：上海财经大学出版社，2016：1.

② 周庆西.高校管理审计研究[M].天津：天津人民出版社，2010：89.

第二节

内部控制的发展

一、国外内部控制的发展

内部控制的概念最早出现在1936年美国会计师协会发布的《注册会计师对财务报表的审查》文告中，内部控制被认为是为了保护企业的资产完整性和账簿记录的准确性而在公司内部实施的手段。内部控制的发展经历了内部牵制、内部控制制度、内部控制结构和内部控制整体框架四个阶段。

内部牵制阶段（20世纪40年代前）。内部牵制阶段强调在对具体业务进行分工时，不能由一个部门或一个人完成一项业务的全过程，而必须有其他部门或人员参与，并且与之衔接的部门能自动地对前面已完成工作的正确性进行检查。这是基于以下两种基本设想的：一是两个或以上的人或部门无意识地犯同样错误的机会是很小的；二是两个或以上的人或部门有意识地合伙舞弊的可能性大大低于单独一个人或部门舞弊的可能性。在内部牵制阶段，人们更多地关注企业内部经济活动的分工负责和交叉监控，而其他问题，如企业内部和外部控制环境因素对企业的影响问题，尚未进入控制视线。

内部控制制度阶段（20世纪40年代至70年代）。人们已经意识到企业需要在管理中采用更加完善和有效的控制方法，以改变传统生产方式和经验管理对企业的影响。1980年3月，在美国召开的内部审计师代表大会上，有代表提出“将内部控制环境要素纳入内部控制系统”，同时提出控制环境因素应包括：组织计划、预算程序和预算控制、责任的确定和授权、员工雇用计划、财务人员培训计划以及保证员工保持较高道德水准的方法。内部控制制度阶段，人们已经认识到控制环境因素对内部控制的重要作用，认为必须将控制环境问题纳入内部控制的研究视野。

内部控制结构阶段（20世纪70年代至90年代）。1972年，美国准则委员会在制定的《审计准则公告》中提出管理控制和会计控制概念。1988年4月，美国注册会计师协会发布公告，首次以“内部控制结构”代替“内部控制”[①]，指出：企业的内部控制结构包括为提供取得企业特定目标的合理保证而建立的各种政策和程序。同时提出内部控制结构由控制环境、会计系统和控制程序三部分组成。

内部控制整体框架阶段（20世纪90年代后）。COSO在经过了专门的研究后，发布了《内部控制——整体框架》，简称为COSO报告，该文件是指导内部控制的纲领性文件。该文件认为内部控制应包含控制环境、风险评估、控制活动、信息与沟通和监督活动五个要素[②]。这是目前理论界普遍认为的较为成熟的内部控制理论。COSO报告建议，由管理当局或其指定的人员定期对公司内部控制的设计和执行情况进行评价，出具评价报告，注册会计师对管理当局的内部控制报告出具审核意见，即内部控制评价报告和注册会计师的验证报告一并对外披露。

2001年美国爆发了安然事件，随后又相继爆发了一系列的会计丑闻，美国稽查体系的严重缺陷暴露无遗。2002年，美国颁布了《萨班斯·奥克斯利法案》，内部控制正式成为具有法律效力的管理制度。该法案明确三项规定：一是把上市公司内部控制信息纳入强制披露的范围。上市公司的年报中需含有内部控制报告管理当局应该阐明的企业内部控制的主要流程，并对内部控制系统的有效性进行自我评价。二是强化管理层对内部控制的责任。企业的关键管理人员必须在财务报告上签字，签字人必须向企业的外部审计师和内部审计机构报告内部控制中的重大缺陷。三是由注册会计师对内部控制的有效性进行评价。注册会计师应当对管理当局的内部控制自我评价进行测试并出具报告。

二、我国内部控制的发展

西周统治者为防止掌管和使用财赋的官吏弄虚作假甚至贪污盗窃所采用的分工牵制和交互考核等办法，达到了“一毫财赋之出，数人之耳目通焉”的效果。“听出入以要会”就是内部控制的具体体现。秦汉时期，便形成严密的上计制度和御史监察制度，宋朝，已经形成知府与通判联署的做法。

新中国成立初期，借鉴苏联国家模式实行计划经济体制，对社会经济发展采取高度集中的方式，经营与规划完全由国家来控制，监控也由国家直接进

---

① 周庆西.高校管理审计研究[M].天津：天津人民出版社，2010：91.

② 娄权.企业内部控制精要[M].广州：暨南大学出版社，2014：4.

行，以单位为主体的内部控制并未作为一种非常重要的管理手段而引起人们的高度重视。

十一届三中全会确立以经济建设为中心的方针之后，内部会计控制和内部管理控制逐步被应用到企业经济管理中来。同西方资本主义国家相比，我国现代内部控制的发展起步较晚。

1996年财政部颁发《会计基础工作规范》，开始把控制环境作为一项重要内容与会计制度、控制程序一起纳入内部控制结构之中，并且不再区分内部会计控制和管理控制。

1997年开始施行的《独立审计准则第9号——内部控制与审计风险》，将内部控制解释为“被审计单位为了保证业务活动的有效进行，保证资产的安全完整，防止、发现、纠正错误与弊端，保证会计资料的真实、合法、完整而制定和实施的政策与程序”。标志着我国现代内部控制建设拉开了序幕。

1999年修订《会计法》时第一次以法律的形式对建立健全内部控制提出原则性要求，财政部随即制定发布了《内部会计控制规范——基本规范》等7项内部会计控制规范。2001年6月财政部发布《内部会计控制规范——基本规范》和《内部会计控制规范——货币资金（试行）》，明确单位建立和完善内部会计控制体系的基本框架和要求，以及货币资金内部控制的要求。《内部会计控制规范》的发布，为我国加强单位内部会计监督与控制的理论与制度建设，树立了一个具有时代意义的里程碑，标志着我国会计法规建设进入到一个更新、更高的境界。

2006年，国资委发布《中央企业全面风险管理指引》，对内控、全面风险管理工作的总体原则、基本流程、组织体系、风险评估、风险管理策略、风险管理解决方案、监督与改进、风险管理文化、风险管理信息系统等进行了详细阐述。这是我国第一个全面风险管理的指导性文件，意味着中国走上了风险管理的中心舞台。

2008年，财政部、证监会、审计署、银监会、保监会五部门联合发布了《企业内部控制基本规范》，规定自2009年7月1日起先在上市公司范围内施行，鼓励非上市的其他大中型企业执行。该文件的发布，标志着我国企业内部控制规范体系建设取得重大突破。

2010年，财政部、证监会、审计署、银监会、保监会等五部委联合发布了《企业内部控制配套指引》。该配套指引包括《企业内部控制应用指引》《企业内部控制评价指引》和《企业内部控制审计指引》，连同此前发布的《企业内部控制基本规范》，标志着适应我国企业现在的实际情况、融合国际先进经验的中国企业内部控制规范体系基本建成。

2012年，财政部发布《关于印发<行政事业单位内部控制规范（试行）>的通知》（财会〔2012〕21号），规定各级党的机关、人大机关、政协机关、审判机关、检察机关、各民主党派机关、人民团体和事业单位从2014年1月1日起执行内部控制规范。为确保各高等院校做好《行政事业单位内部控制规范（试行）》实施工作，教育部发布《教育部关于做好<行政事业单位内部控制规范（试行）>实施工作通知》（教财函〔2013〕142号），对高校实施内部控制规范的基本原则、主要任务和工作要求做出了明确要求。至此，标志内部控制规范工作在国内所有的经济活动领域都得以实施。2015年和2016年，财政部先后颁布《财务部关于全面推进行政事业单位内部控制建设的指导意见》（财会〔2015〕24号）和《关于开展行政事业单位内部控制基础性评价工作的通知》（财会〔2016〕11号）两份文件，标志着内部控制工作进入评价阶段。

第三节

《行政事业单位内部控制规范（试行）》的基本内容

在企业内部控制工作取得成功之后，为了规范各级党的机关、人大机关、政协机关、审判机关、检察机关、各民主党派机关、人民团体和事业单位的经济活动，财政部于2012年11月29日以财会〔2012〕21号印发《行政事业单位内部控制规范（试行）》（以下简称《规范》）。《规范》分总则、风险评估和控制方法、单位层面内部控制、业务层面内部控制、评价与监督、附则6章65条，自2014年1月1日起施行。

一、强调控制体系

《规范》从我国行政事业单位目前的实际情况出发，充分考虑了现阶段我国行政事业单位经济活动的内在特点和相互之间的关系，瞄准内部管理中的薄弱环节，完善制衡机制，创新控制方法。《规范》要求梳理单位各类经济活动的业务流程，明确业务环节，系统分析经济活动风险，确定风险点，选择风险应对策略，并要求在此基础上根据国家有关规定建立健全各项内部管理制度并督促相关工作人员认真执行。《规范》表明，通过制定制度、实施措施和执行程序，实现对经济活动风险的防范和管控，是内部控制的出发点和落脚点。内部控制实施步骤见表1-1。

表1-1　内部控制实施步骤

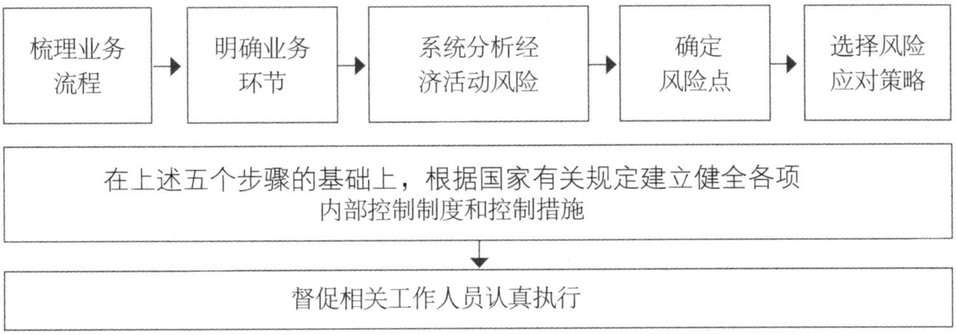

二、强调机制建设

《规范》强调重点在于机制建设，要求行政事业单位把握客观规律，将制衡机制嵌入内部管理制度中，从而增强制度的可操作性，提高制度的执行力。例如，通过建立议事决策机制来防范资源配置时的“一言堂”；通过建立关键岗位工作人员的培训、教育、评价和轮岗等机制，牢固树立起风险防范意识和拒腐防变的思想道德防线，自觉依法履行职责、维护公共利益。

三、明确组织责任

《规范》强调行政事业单位的负责人应当对本单位内部控制的建立健全和有效实施负责。有条件的单位应当单独设置内部控制职能部门，暂时没有条件设置独立内部控制职能部门的单位，应当指定内部控制牵头部门（一般为财务部门）。内部控制部门或牵头部门应当研究提出内部控制体系建设方案、评估方案、活动流程，积极实施内部控制。

四、引入风险管理意识

行政事业单位中的违法违纪案件和资产损失浪费案例的频繁发生，揭示了我国当前行政事业单位的内部管理工作存在管理和监督缺失，揭示了行政事业单位人员的风险识别能力和防控能力不足。行政事业单位的内部管理工作不仅需要提出管理要求，明确“做什么”，也需要实施控制措施，明确“怎么做”。《规范》在促进行政事业单位从科学发展的角度自觉提高内部管理水平，从经济活动风险管控的角度落实廉政风险防控方面提出了要求。

五、重视监督和评价

《规范》设定行政事业单位业务层面的内部控制，包括预算业务控制、收支业务控制、政府采购业务控制、资产控制、建设项目控制以及合同控制，涵盖了单位最主要的经济活动。

内部控制工作讲求全员参与、共同监督，为此，《规范》建立了审核措施、沟通协调机制、议事决策机制等风险管理措施，明确了行政事业单位财务监督的内容、形式，提出了建立健全财务监督制度和依法接受外部监督的要求。

第四节

高校执行《行政事业单位内部控制规范（试行）》的思考

一、端正认识，高度负责，借助内部控制实现管理

高等院校是培养高素质人才的摇篮，是科学研究和文化传承的主阵地。为实现“教育强国”和“科技兴国”的战略目标，从2012年起，国家每年用在教育支出的比例达到GDP的4%。国家投入高等教育的每一分资金都承载着人民的殷切期盼。然而，从中央纪委监察部网站公布的数据来看，单是2015年就有34所高校的53名领导受到调查处分，平均每周就有一名高校领导被通报。从2016年以来北京、山西和广东等省（市）巡视组公布的巡视意见来看，每所被巡视的高校都存在不同程度的腐败问题。事实表明，高校已经成为腐败的高发区。怎样才能有效遏制高校腐败问题发生，守护好象牙塔里的一片净土，已经成为当前亟待解决的问题。高等院校在进行人才培养和科学研究的进程中，必须抓好内部控制的建

设，保证学校的管理规范，资金使用合法、有效。

二、领导重视，全员参与，营造内部控制实施良好环境

世界上的大学，凡是优秀的大学，无论是公立还是私立，都不是一个人说了算，都有一个好的“共同治理”结构[①]。高校领导要致力于完善治理结构。内部控制作为内部治理的基本要素，是高等院校的一项重要管理活动，实施好《规范》，对于防范内部风险隐患，提高单位管理水平，建设服务型、节约型单位具有重要意义。高校要充分认识实施《规范》的重要性，高度重视《规范》贯彻实施工作，加强组织领导，健全工作机制，“一把手”负总责，亲自抓内部控制工作，并将其列入领导班子重要议事日程来统筹安排；要明确内部控制工作职能部门或牵头部门，配备充实人员力量，负责组织协调开展内部控制实施工作；要深入开展《规范》培训学习、宣传引导，让内部控制理念深入人心，在单位内部形成人人注重风险防范、事事强化责任意识的良好氛围。

三、健全制度，严格执行，确保内部控制有效实施

高校要按照《规范》的要求，建立健全内部管理制度，实施业务流程再造，强化信息系统建设，定期开展内部控制自我评价，把《规范》的各项制度要求逐项落实到位。

在内部管理制度建设上，单位层面要着重在三个方面形成制衡机制：一是建立健全集体研究、专家论证和技术咨询相结合的议事决策机制。重大经济事项的内部决策，由单位领导班子集体研究决定，防止个人独断专行。二是完善单位经济活动决策、执行和监督相分离的工作机制，建立不相容岗位相互分离、内部授权审批控制等控制机制，用制度管人、管事、管钱，筑牢干部拒腐防变的制度防线。三是建立预决算、政府采购、资产管理等部门和岗位间的沟通协调机制，形成管控合力，确保资产的合理配置和有效使用。抓紧启动《规范》贯彻实施工作，在做好单位经济活动风险评估、梳理优化业务流程的基础上，制定形成预算管理、收支管理、政府采购管理、资产管理、建设项目管理、合同管理等业务层面内部控制制度，汇编形成单位《内部控制工作手册》。

在内部控制手段应用上，要充分利用信息化手段，通过信息系统的支撑实现

---

① 黄达人.大学的声音[M].北京：商务印书馆，2012：318.

内部控制的程序化和常态化，减少或消除人为操纵因素，强化内部控制手段的刚性约束。

在内部控制评价和监督制度建设上，高等院校要加强对内部控制建立与实施情况的内部监督检查和自我评价，定期对各部门（包括二级单位）内部控制的有效性进行评估，对发现的内部控制缺陷，研究采取整改落实措施，并形成单位内部控制自我评价报告。

四、探索创新，总结完善，不断提高内部控制水平

《规范》是一项重大的管理制度创新，需要学校各部门（包括二级单位）结合实际，不断探索实施，不断总结完善。各单位对业务风险的评估、内部控制制度的拟订、内部控制效果的评价等各环节工作，都要力戒形式主义，要通过调查研究，先行先试，总结经验、剖析问题，不断深化完善内部控制制度建设，使内部控制机制真正发挥作用。

内部控制建设是一项系统工程，也是一项长期的工作任务，需要各部门共同配合，齐抓共管；需要各单位持之以恒，常抓不懈。学校财务部门要积极争取纪检监察和内部审计等部门的支持，将《规范》贯彻实施工作与廉政风险防控机制建设等结合起来，形成工作合力，共同部署指导单位内部控制规范贯彻实施工作。要采用调研、座谈、信息交流等多种方式，跟踪内部控制规范实施动态，帮助解决内部控制规范执行中遇到的具体问题；要及时总结内部控制工作先进经验、典型案例，供各单位学习借鉴。通过各部门、各单位的共同努力，推动《规范》在学校全面有效实施，提高管理水平和服务能力，促进学校教学和科研事业的健康发展。

加强内部控制建设既要积极也要稳妥，要坚持成本效益原则，权衡风险与收益的关系，不能机械而影响业务开展，要定期做内部控制风险评估，及时发现风险，堵塞漏洞[①]。同时还要意识到，仅依靠内部控制制度、流程管理是不够的，建立良好的内部控制文化至关重要，只有好的文化才能培养好的员工，只有好的员工，制度和流程才不至于因集体舞弊而被搁置或架空[②]。

---

① 财政部会计司，中国会计报社.行政事业单位内部控制建设：理论与实践[M].北京：经济科学出版社，2015：3.

② 白小刚.企业失败与内部控制建设[M].北京：航空工业出版社，2013：30.

必须看到，由于受计划经济的长期影响，行政事业单位内部控制工作还有很长的一段路需要走，在制度执行和完善的过程中也肯定会遇到很多困难和阻力，但是全面推进内部控制建设的信心不能改变，要立足于我国现状，狠抓落实，真正让内部控制发挥出它应有的监督制约作用。

第五节

内部控制与内部牵制的理性辨析

内部控制是在内部牵制的基础上发展起来的，当今的内部控制还包含着内部牵制的做法。研究内部控制，必然会牵涉内部牵制。

一、内部控制比内部牵制涵盖的面积更大

内部控制是指单位在一定的环境下，为了提高经营效率、充分有效地获得和使用各种资源，达到既定管理目标，而在单位内部实施的各种制约和调节的组织、计划、程序和方法。而内部牵制是指单位在对具体业务进行分工时，不能由一个部门或一个人完成一项业务的全过程，而必须有其他部门或人员参与，并且与之衔接的部门能自动地对前面已完成工作的正确性进行检查。内部牵制的核心内容是不相容职务的分离与牵制，而不相容职务分离仅仅是内部控制当中的一项具体措施。

二、内部控制比内部牵制涉及的格局更高

内部控制是由单位的党政负责人、各中层部门负责人和全体员工实施的、旨在实现控制目标的过程。内部控制的目标是合理保证单位经营管理合法合规、资产安全、财务报告及相关信息真实完整，提高经营效率和效果，促进单位实现发展战略。而内部牵制仅仅是指单位不同部门、不同人员在每项业务的处理时必须经过授权、批准、执行、记录和检查等五个步骤，纵向上至少要经过上下级有关人员之手，使下级受上级监督，上级受下级制约，促使上下级均能忠于职守，不

可疏忽大意。横向上至少要经过彼此不相隶属的两个部门的处理，使每一部门的工作或记录受另一部门的牵制，不相隶属的不同部门均有完整的记录，使之互相制约，自动检查，防止或减少错误和弊端。控制有绝对的主动权和调配权，而牵制则相互制约，没有哪一方拥有绝对的主动权。

第六节

高校之间的竞争最终都会归结为内部控制建设的竞争

近年来，受国家人才强国战略的影响，国内高校互挖人才的现象愈演愈烈，开价“100万年薪兼1500万元科研启动经费”的记录屡被刷新，人才已成为高校竞相争夺的稀缺“商品”。

看到新进人才众星捧月的样子，高校里原有人才自然不会自甘冷落，新团队引进回来之际就是旧团队打包走人之时的现象并不鲜见。争夺人才，让人才有了坐地起价的资本和信心，高校俨然成了一个来去自由的“市场”。

不可否认，高校的人才引进，弥补了教学科研中的薄弱环节，拓展了科研领域，提升了科研水平，提升了学校办学实力和知名度，人才引进的确可以给高校带来 “垂直拉升”和“弯道超车”的机会。国内不少经济发达地区的地方高校就是依托重金聚集到一大批教学和科研精英，在短时间内实现国家自然基金和人文社科基金“零的突破”，从而由“专科院校”升格为“本科院校”，继而取得硕士、博士学位授予权，由名不见经传的地方院校升格为小有名气的本科大学。

有的高校为科研人员提供雄厚的资金保障，充足的人力资源和配套的设施设备，使得科研人员在单位里如鱼得水，无论是论文发表还是成果转化都一路顺畅，但是也有高校未能从学校整体大局考虑人才引进工作，学校的人才引进和整体发展不协调，部门之间又缺乏足够的相互支持，导致学校引进人才的承诺无法如期兑现，使得引进人才无法顺利开展科研工作。这足以说明，人才作用得到发挥，人才自身水平和沟通协调能力固然重要，但高校的管理环境特别是内部控制制度始终是个不可忽略的问题。

从高校管理实践来看，学校教职工的工作态度是受各种因素影响的，例如学校管理制度的科学性、人们对学校发展的使命担当和目标认同感等。在新的人才进入学校时，如果有人认为给予新引荐人才过多优惠政策降低单位现有人员的应得福利，人们自然就会消极对待人才引荐工作；如果有人觉得引进科研团队会导致学校的教学质量下降，人们自然就会对这个科研团队的正面作用产生怀疑，进而设法纠正学校“重科研轻教学”的错误偏向。由此可见，内部控制制度的健全程度对于学校的人才管理至关重要。

毋庸置疑，控制环境设定了所在高校的内部控制基调，构成了高校内部控制的价值取向和氛围。高校内部控制建设完善，流程清晰明了，政通人和，工作效率自然高效，积极的人才竞争不仅能够得到各方支持和配合，还会让学校变得更加强大；高校内部控制制度残缺不全，管理板块互不衔接，人心背向而行，再高水平的科研团队也会孤立无援，一事无成。由此可以断定，高校任何竞争的背后都是人才实力的竞争，而人才实力的竞争始终依托学校内部控制建设，因此高校之间的所有竞争最终都会归结为内部控制建设的竞争。

第二章

2

高校内部控制基本知识研究

第一节

高校内部控制的概念

控制，顾名思义，就是驾驭、掌握、支配之意，即要求被控对象不超出一定的范围和界限。从现代管理学的角度来说，控制就是要求被控对象既有条不紊和高效正常地运行，又不失去既定的行进目标，不偏离正常的轨道[①]。

高校内部控制是高校党政班子和全体教职员工为实现控制目标，通过制定制度、实施措施和执行程序，对经济活动的风险进行防范和管控的系列活动。

所谓系统活动，是高校为了实现内部控制而采取的系列措施、办法。高校内部控制含义如表2—1所示。

表2-1　图解高校内部控制的定义

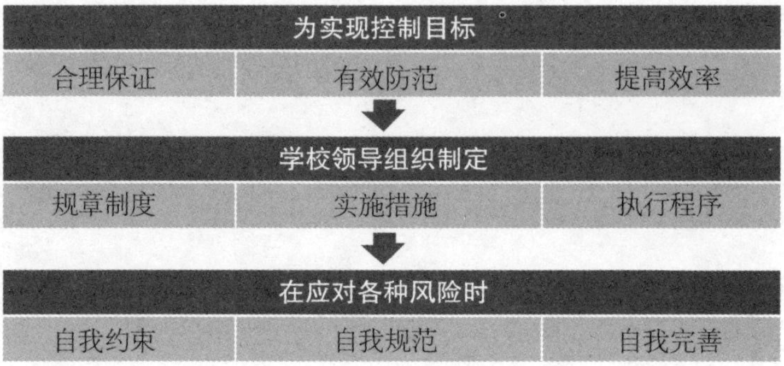

① 贺志东.企业内部控制实务【M】.北京：电子工业出版社，2015：2.

第二节

高校内部控制的分类

一、按控制源头分内部控制和外部控制

内部控制是来自于高校自身的控制。设置内部控制是高校的自我管理行为，完全属于组织内部的事情。尽管建立健全内部控制是迫于外部的压力，如受制于国家法规对单位建章立制和规范管理的要求，迫于增强自身竞争能力以应对市场变化的要求，但归根到底是自身规范核算和规范管理的要求，是高校本身追求经济利益和社会效益的需求，是高校持续健康发展的要求。

外部控制是来自于高校外部的控制。是高校接受外部的政策、法规约束，是一种被动接受行为。如高校接受巡视组的巡视检查，校长离任经济责任审计，高校国有资产处置需要报请主管部门或财政部门审核批准，学校专业设置和招生指标上报主管部门审核报批等。

二、按控制功能分准入式控制和查对式控制

准入式控制是指为防止错误和非法行为发生，或尽量减少其发生机会所进行的一种控制，它能“一开始就阻止错误发生”。例如，高校内明文规定，不是文印员不能进入文印室，这就阻止了文印员之外的其他人员盗看试卷。不是信息管理员，无权对网页资料进行修改，这就保证了信息资料的真实可靠。

查对式控制是指为了及时查明已经发生的错误和非法行为，或增强发现错弊的能力所进行的各种控制。它主要是解决“如何查明错误”的问题。例如，账账核对、账证核对、账表核对、账实核对，通过查对式控制可以发现记账错误和货物短缺等问题。

三、按控制的时间分事前控制、事中控制和事后控制

事前控制是指在行为发生之前所实施的控制。例如，校内使用部门必须对需

要采购的物品进行市场询价，经过货比三家之后才能申报办理招标采购；建筑设计图纸必须经过多部门人员会审论证之后才能开工建设。事前控制可以起到及早发现并及时纠正错误、防患于未然的作用。

事中控制是指在行为发生的整个过程或当中的某一环节所进行的控制。例如：基建过程中，审计人员对某一隐蔽工程进行拍照录像的行为，物资采购招标过程的全程录像录音行为等。事中控制可以留下记录，便于回放，同时还可以增强经办人员的工作责任感。

事后控制是指某一项活动完成之后对其最终结果进行检验所采取的各项控制措施。例如：某项科研课题完成之后，科研管理部门组织专家对科研课题进行验收、评价，看其是否按期结题，研究成果是否达到申报要求，经费使用是否合法合规。

四、按控制的涉及面分单位层面控制和业务层面控制

单位层面控制是指对单位控制目标的实现具有重大影响，与内部环境、风险评估、信息与沟通、内部监督直接相关的控制措施。如：依据不相容职务分离的要求，高校在物资采购过程中，招标办公室负责公开设备招标信息并通过公开招标确定物资供应单位，设备处负责办理物资采购，审计处负责招标采购流程手续审核，财务处负责支付采购款和账务登记，四个部门各司其职，管财的部门不管物资采购，招标的部门不直接经办物资采购，财务、审计、设备和招投标部门相互配合、相互牵制。

业务层面控制是指综合运用各种控制手段和方法，针对具体业务和事项的措施，其功能仅限于单位中的具体业务和事项。如会计凭证需要连续编号，每册会计凭证都要编制“科目汇总表”等行为。连续编号，可以预防和发现凭证丢失；每册会计凭证都编制“科目汇总表”可以预防不法分子利用记账作弊。

此外，国内还有专家提出了预防式控制、侦察式控制等多种控制方式。这里不一一列举。

第三节

内部控制的特征

同外部控制相比，内部控制具有以下特征。

一、自发性

设置内部控制是高校的自觉管理行为，完全属于高校内部的事情。虽然内部控制活动的产生迫于主管部门和外围竞争的需要，但归根到底是自身规范管理的需要。

二、全面性

在高校里，内部控制对内部所有管理部门和管理环节都进行考核、监督和控制。高校的人、财、物以及教学科研工作的各个方面、各个环节都纳入考核、监督和控制范畴，内部控制覆盖和渗透到高校所有经济活动之中，所有工作都与内部控制相关。

三、长效性

在高校里，内部控制不是阶段性和突击性工作，是一种常态工作，内部控制一经启动，其控制意识、控制功能、控制行为便会渗透到各项具体业务之中，潜移默化地发生作用，并且控制的效力是连续的、长期的。

四、互动性

无论是内部控制中的单位层面控制还是业务层面控制，虽然设置是相互独立的，但其作用的互补性、替代性和制约性都很强，相互之间是互动的。其功能作用往往是殊途同归的。如单位层面的“不相容职务分离”与业务层面的“加强对合同履行的控制”，虽然涉及层面不同，但其降低合同纠纷的功能作用始终是一致的。单位内部控制这种互动性，相互补充，互为作用，有利于实现控制“全覆盖”，避免监督和控制的死角与盲区。

五、关联性

高校的任何控制行为彼此之间都是相互关联的，一种控制行为成功与否总是会影响到另一种控制行为作用的发挥。任何一种控制行为的建立都可能会导致另一种控制行为的加强、减弱或取消。譬如，在高校里，内部审计控制到位，可以促进会计工作规范化管理。同样道理，高校物资采购的招标工作规范了，就可以减轻内部审计对市场价格进行延伸审计的压力。

六、共责性

在高校里，内部控制由学校各个阶层的人员共同实施，上至党委书记，中至各部处和二级学院的负责人，下至教学科研人员和后勤员工，每个人都负有实施内部控制的责任，每个人既是控制的实施者，同时又是接受控制的义务者。

七、时效性

随着大环境和外围因素的变化，高校某一时期的某些方法、措施和制度必然会失去原有的控制功能。因此，内部控制不能一成不变，必须保持自我否定、自我修正、自我完善的勇气。

第四节

内部控制的目标

内部控制目标是合理保证高校各项管理合法合规、资产安全、财务报告及相关信息真实完整，提高教育资金使用效益，促进高校完善法人治理结构，实现高校发展战略。具体来说，高校内部控制的目标包括：

一、合理保证高校经济活动合法合规

合理保证高校经济活动在法律法规允许的范围内进行，避免违法行为发生。这是高校内部控制最基本的目标。

二、合理保证高校资产安全和使用有效

资产安全是国家、教育主管部门和高校普遍关注的重大问题，是高校可持续发展的物质基础。良好的内部控制，应当为资产安全和有效提供扎实的制度保障。

三、合理保证高校财务信息真实完整

可靠及时的信息报告能为高校提供准确而完整的信息、支持高校管理决策和对教学科研活动及业绩进行监控；同时，保证对外披露的信息报告的真实、完整，有利于提升高校的诚信度和公信力，维护良好的声誉和形象。

四、有效防范舞弊和预防腐败

高校结合自身所处的特定的内外部环境，通过建立健全有效的内部控制，可有效防范舞弊和预防腐败，促进学校不断提高教学、科研和社会服务能力。

五、促进实现发展战略

这是内部控制的终极目标。它要求高校将近期利益与长期利益结合起来，在教学和科研管理中努力做出符合战略要求、有利于提升可持续发展能力和创造长久价值的策略选择。高校内部控制目标如表2—2所示。

表2-2 高校内部控制目标

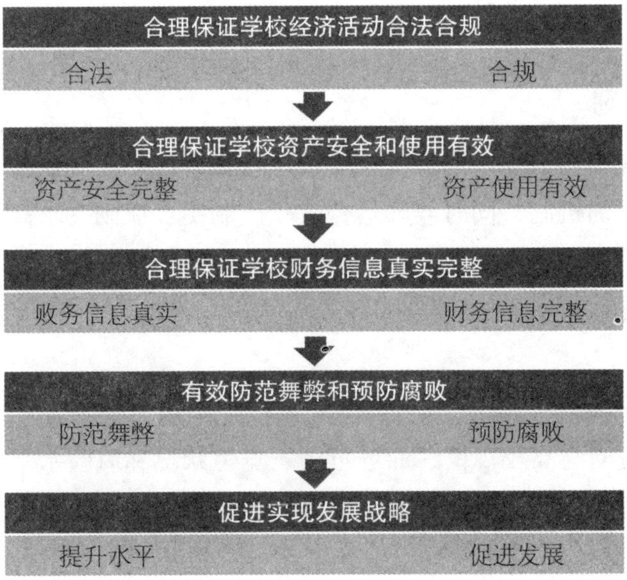

第五节 内部控制的原则

内部控制原则是高校建立与实施内部控制应当遵循的基本准绳。高校的内部控制应当遵循如下原则：

一、全面性原则

内部控制应当贯穿决策、执行和监督的全过程，覆盖高校及其所属单位的各种业务和事项，实现全过程控制，消除内部控制空白点。

二、重要性原则

内部控制应当在兼顾全面的基础上，关注重要业务事项和高风险领域，并采取更为严格的控制措施，确保不存在重大缺陷。例如，高校对“三重一大”事项进行集体决策和联签制度，就是重要性原则的体现。重要性原则的应用需要一定的职业判断，高校应当根据所处的教育环境和教育特点，从业务事项的性质和涉及金额两方面来考虑如何实行重点控制。

三、制衡性原则

内部控制应当在治理结构、机构设置及权责分配、业务流程等方面形成相互制衡、相互制约的机制，同时兼顾运营效率。制衡性原则要求高校完成某项工作必须经过互不隶属的两个或两个以上的岗位和环节，同时还要求履行内部控制监督职责的机构或人员具有良好的独立性。

四、适应性原则

内部控制应当与高校规模、业务范围、竞争状况和风险水平等相适应，并随着情况的变化加以调整。适应性原则要求高校建立与实施内部控制应当具有前瞻性，适时地对内部控制系统进行评估，发现可能存在的问题并及时采取措施予以补救。

五、成本效益原则

“没有最完美的内控，只有最适合的内控”[①]，内部控制应当权衡实施成本与预期效益，以适当的成本实现有效控制。成本效益原则要求高校内部控制建设必须统筹考虑投入成本和产出效益之比。对成本效益原则的判断需要从高校整体利益出发，尽管某些控制会影响工作效率，但可能会避免高校面临更大的损失。

表2－3　高校内部控制原则

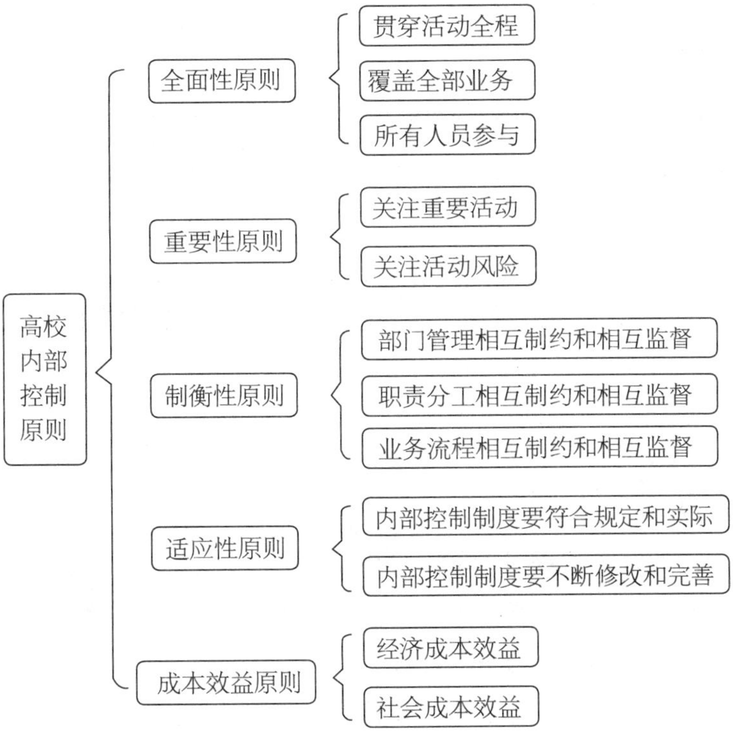

① 白小刚.企业失败与内部控制建设[M].北京：航空工业出版社，2013：110.

第六节

内部控制的要素

内部控制要素是指内部控制制度的构成要素，高校建立与实施有效的内部控制，应当包括如下要素。

一、内部环境

内部环境规定高校的纪律与框架，影响学校发展战略目标的制定，塑造高校文化氛围并影响师生的控制意识，是高校建立与实施内部控制的基础。

二、风险评估

风险评估是高校及时识别、科学分析管理活动中与实现目标相关的风险，合理确定风险应对策略，实施内部控制的重要环节。风险评估主要包括目标设定、风险识别、风险分析和风险应对。

三、控制活动

控制活动是指高校根据风险应对策略，采用相应的控制措施，将风险控制在可承受度之内，是实施内部控制的具体方式。高校常用的控制措施有：不相容职务分离控制、授权审批控制、会计系统控制、财产保护控制、预算控制、归口管理、单据控制、信息内部公开、绩效考评控制等。

表2-4　高校内部控制要素

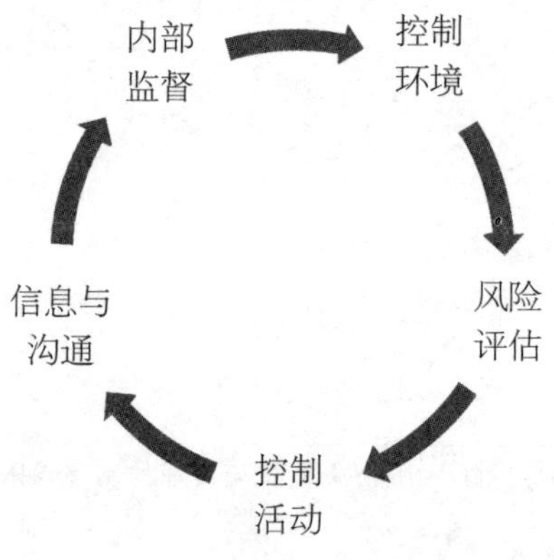

四、信息与沟通

信息与沟通是高校及时、准确地收集、传递与内部控制相关的信息，确保信息在学校内部、学校与外部之间进行有效沟通，是实施内部控制的重要条件。高校应当建立起安全稳定的信息平台，确保信息准确、及时、沟通有效。

五、内部监督

内部监督是高校对内部控制的建立与实施情况进行监督检查、评价内部控制的有效性，对发现的内部控制缺陷及时加以改进，是实施内部控制的重要保证。高校内部监督包括民主监督、审计监督。

在高校中，理想的内部控制系统应当是控制环境、风险评估、控制活动、信息与沟通和内部监督五个要素相互作用，形成一个没有空隙又不间断的闭环。

第七节

内部控制制度的意义

一、有利于高校工作有序运转

通过对内部控制进行建设，可以促进高校一切活动按既定的目标有计划、有步骤地推行，健康、有序地运作，并及时发现可能出现的偏差，防范管理风险，避免潜在的危机转变为现实的损失。通过内部控制系统的检查调节，可以保证和提高会计及其他业务记录的正确性和可靠性。

二、有利于增强高校法制观念

通过梳理工作节点风险标识，警示各部门工作人员自觉检查法律、法规、政策的贯彻执行情况，自觉抵制造假违法违规行为，不断修正和调节组织内部各部门、各单位和个人的关系，保证各项工作在法律法规规定的轨道上运行。

三、有利于财产安全完整

职务分离和内部审计机制的引入，能够在很大的程度上促使高校会计信息和其他信息的真实可靠，使得支出合法，记录完整，处理恰当，稽核有力，有效堵塞漏洞，防止或减少损失浪费。通过对货币资金的管理，对各项财产物资采购、验收、保管、领用等活动的控制，可以防止出现贪污、盗窃及其他不法行为，制止损失浪费。

四、有利于提高工作效率

随着内部控制机制的建立，高校各项工作分工及其程序将会朝着规范化、标准化的方向发展，高校内部各部门各单位都清楚工作范围、职权和责任，各司其职，各尽其能，减少不必要的请示、汇报环节，避免扯皮、推诿、拖拉现象的发生。内部控制系统通过确定职责分工、工作程序、手续制度、传递过程、审批制度、检查监督等手续，可以有效防止工作差错，提高工作效率。

第八节

内部控制的弱点

必须清楚，内部控制可以促进高校规范管理，防止或降低风险发生，但受管理当局自身能力及内外部环境等主客观因素的制约，在一个单位里，内部控制只能为实现既定的目标提供合理的保证，无法完全杜绝差错甚至舞弊行为发生。内部控制不应被期望可以消除所有现存以及潜在的缺陷。因此，内部控制难免会存在固有的弱点。通常，内部控制的弱点主要表现为以下方面：

一、成本受限

一般而言，单位应该将错误或潜在风险可能造成的损失和浪费控制住或控制在可以接受的界限之内，然而，在实际工作当中，一些理想的内部控制往往会因成本过高而最终被迫放弃。如，在高校里，理想的工程造价应该经过如下程序：首先由基建后勤部门的专职造价管理人员进行初审，然后再提交审计部门进行造价审计，最后才委托社会中介机构进行结算审计。完善的造价岗位配备和完整的审核流程，对于工程项目多的高校是非常必要的，但对于基建工程量小的职业学校，未必都会配备足够的工程造价人员，因为专设造价审核岗位支出往往会比工程费用审减数额更高，从成本效益角度来看，用导弹打野猪的做法是不划算的。

二、串通舞弊

不相容职务的适当分离只能在一定程度上防止或避免单独一人隐瞒和从事不合规的行为。两人或更多人的合伙同谋行为通常会导致控制失效。例如，部门负责人串通部门经办人员虚报假账，实验室人员共同以购买实验用品的名义购买生活用品，化公为私（如洗洁用品、猪肉和兔子等），采购人员与供货方人员合谋拿取回扣、会计和出纳合谋挪用或私吞公款、内外部人员串通勾结等。

三、滥用职权

单位或部门负责人逾越控制，滥用职权，也会使内部控制形同虚设。屈于强权，经办人员不得不做出明知不可为而为之的事情，并想方设法为领导粉饰太平，充当“挡箭牌”。

四、制度滞后

任何制度和措施都有其时效性，基于以前的内外部环境条件而设置或实施的内部控制措施和办法很有可能会因为管理环境、业务性质等的改变而削弱或失效。基于种种原因，单位很难做到及时修改和修正，造成制度滞后。

合理的保证并非绝对的保证。内部控制的固有局限虽然会降低人们对内部控制的效用预期和信心，但绝对不可“因噎废食”，全盘否定内部控制的功能。制度建设是管理工作的基石[①]。高校应该努力在控制环境、风险评估、控制活动、信息和沟通、监督等方面不断地建立内部控制，不断地检测内部控制，不断地健全内部控制。

① 王春晖，曹越.内部控制视角下对高校经济合同管理的思考[J].会计之友，2016（19）：87—91.

第九节

企业内部控制才需要“成本与效益”原则吗？

《企业内部控制基本规范》（2009年7月1日起实施）明确规定“成本效益”是企业内部控制的重要原则，而在《行政事业单位内部控制规范》（2014年1月1日起实施）里，却找不到“成本效益”这一原则。受此影响，人们在研究行政事业单位内部控制时，对“成本效益”避而不谈。对此，本书作者不敢苟同。

毫无疑义，企业是以营利为目的的，企业在生产过程中投入的人工费、材料费等各种生产资料都需要合理摊销并转嫁到商品或服务中去，最终由消费者承担。在市场竞争社会里，多数消费者选购消费品的要求往往是“物美价廉”，经营者提供消费品的目的是追求“高额回报”——利润最大化。低成本战略是企业实现高额回报的有效途径之一，人们一般都不会选择“成本大于收益”的行为，“低成本，高效益”是企业内部控制制度、实施措施和操作流程的出发点和落脚点，离开“成本效益”原则，内部控制毫无意义。

众所周知，高等院校承担着人才培养、科学研究、社会服务和文化传承四大任务。虽然高等院校的资金来源主要依赖国家财政拨款和被服务者缴费，不以营利为目的，但这并不意味着高校不存在“投入与产出”的概念和过程。国家向高校拨款，当然希望高校能够培养出“德才兼备”的合格人才，希望能够产出可以推动社会进步的“科学技术”。高等院校中的不少科研团队、大牌知识分子和项目负责人手上都掌握着数百万乃至数千万元的科研经费。清华和北大等名牌大学的二级学院（实行校院二级管理）负责人手上掌握的运行经费甚至可以达到上亿元。

高等院校的二级学院（包括各部处）、研究院（所）、实验室都有收支活动，无论是使用纳税人的资金（财政拨款），还是使用被服务人的资金（消费者的缴费），各资金使用单位的最终“产出”至少都应该达到最初“期待”的要求。现今，越来越多的民间资本进入了高等教育领域，高校的经营模式日趋多元，高校管理与企业管理的界限逐渐模糊，事业单位企业化管理是当今社会的一股潮流。

由此可见，无论是企业还是高等院校，在市场经济的前提下都会发生经济活动，任何经济活动都应当权衡“实施成本”与“预期效益”，以适当的成本实现有效控制。高校同企业相比，对待“成本效益”的区别在于：企业需要进行成本与效益匹配账务核算，高校则不需要这方面的账务核算。虽然高校不需要成本效益账务核算，却依然需要用“成本效益”原则去指导职工的行为，用“成本效益”原则去评价职工的工作绩效。原本行政事业单位内部控制的客体就是单位的经济活动，必然需要考虑经济活动的特质，离开“成本效益”原则，内部控制制度的设计、实施和监督就失去了动力。“成本效益”原则是内部控制的灵魂，高等院校的内部控制同企业内部控制一样，不能没有“成本效益”这一原则。

第三章

高校内部控制方法研究

3

高校应优化内部组织架构，加强内部控制制度建设，科学划分各管理部门的权限和职责；建立风险评估机制，将内部控制理念作为学校的组织文化理念；加强部门间的信息沟通，提高管理信息质量；完善内部审计制度，加强对内部控制制度的评价。

第一节
高校常用的内部控制方法

表3-1　高校常用的内部控制方法

序号	方法	大体内容
1	环境氛围控制	单位长年沉淀的文化和精神所产生的影响。
2	组织机构控制	部门之间的职责及相互配合所产生的影响。
3	职务分离控制	职务的相互牵制和相互监督所产生的影响。
4	授权批准控制	权力下放与受托执行契合度所产生的影响。
5	人员素质控制	人员素质与岗位需求匹配度所产生的影响。
6	信息质量控制	信息的准确、完整和可靠程度所产生的影响。
7	财产安全控制	财产的购进、领用和保管措施所产生的影响。
8	业务程序控制	对重复发生业务设定标准流程所产生的影响。
9	目标考核控制	自我总结和自我分析完成情况所产生的影响。
10	绩效评价控制	由他人对比参考目标进行评价所产生的影响。
11	内部审计控制	由内部审计部门进行独立审计所产生的影响。

第二节

环境氛围控制

一、环境氛围控制的概念

所谓环境氛围控制，就是指高校的治理结构、机构设置、权责分配、人力资源政策、内部审计机制和大学文化等多项因素汇集在一起对内部控制所带来的影响。控制环境反映组织的各个利益关系主体对内部控制的态度、看法和行为，是高校建立和实施内部控制的基础。

二、环境氛围控制的具体方法

表3-2　环境氛围控制的具体方法

具体方法	大体内容
治理结构	根据国家法律法规，建立高校章程，规范高校治理结构和议事规则，明确党委会、校长办公会、职代会在决策、执行、监督等方面的权限，形成科学有效的职责分工和制衡机制。
机构设置 及权责分配	根据学校特点和内部控制要求设置内部机构，明确职责权力，将权力和责任落实到各责任单位。保证信息畅通、管理高效。
人力资源政策	制订员工聘用、培训、辞退、辞职、薪酬、考核、晋升与奖罚系列制度，不断提升员工素质（有道德操守、胜任岗位工作）。
内部审计机制	保证内部审计机构设置、人员和工作的独立性。
高校文化	加强文化建设，培育积极向上的价值观和社会责任感，倡导诚实守信、爱岗敬业、开拓创新和团队协作精神，树立现代管理理念，强化风险意识和法制观念。

利用校园文化积淀，群众习惯评判对决策和执行者可以产生一种无形压力，促使管理者自觉规范管理行为。

三、高校实施环境氛围控制需要注意的问题

（一）高校环境氛围是高校建立和实施内部控制的基础，高校的领导必须高度重视学校环境氛围控制的建设工作。在实施组织机构控制、职务分离控制等控制办法时，应当考虑到环境氛围的基础配套改造问题。

（二）高校环境氛围是历史积淀形成的，无论是改变旧的环境氛围还是形成新的环境氛围都需要较长的时间，高校领导不能因为收效慢而放弃改造旧环境氛围和建设新环境氛围的努力。“前人种树后人乘凉”，环境氛围控制是一项“功在当代，利在千秋”的工程。

（三）体制机制和高校文化对高校环境控制影响重大，既会影响到治理结构的构成、机构设置和权责分配，也会影响到人力资源政策和内部审计作用的发挥，但归根到底，高校党委书记和校长对内部控制的态度才是最关键的问题。

（四）高校环境氛围控制是一项软控制，建设环境氛围控制既要靠规章制度的约束，也要靠思想教育的支持，因此，环境氛围的建设不是一项纯粹的行政工作，还要同党建工作结合起来，充分发挥基层党支部的战斗堡垒作用，充分发挥共产党员的先锋模范作用，营造良好的高校文化。当前要把“三严三实”“两学一做”和“四比四提升”等党建工作嵌入高校环境氛围控制中来。

第三节

组织机构控制

一、组织机构控制的概念

组织机构控制是指通过合理设置并有效发挥高校的内部机构之间相互配合又相互监督的作用所达到的控制。

二、组织机构控制的具体方法

组织机构控制分组织方案控制、组织结构控制和组织系统控制三个方面，具体的内容见表3—3：

表3-3 组织机构控制的具体方法

具体方法	大体内容
组织方案控制	通过文件明确各个部门（二级单位）的权力和责任及权责边界。
组织结构控制	明确各部门（二级单位）的相互关系，满足集中领导、分级管理的要求。
组织系统控制	明确部门（二级单位）之间的垂直领导关系和横向协作关系，考虑组织功能的健全性和合理性。

三、高校实施组织机构控制需要注意的事项

（一）高校在实施组织方案控制时，一定要将高校当前部门（二级单位）的权力和责任覆盖范围与高校当前全部工作范围进行对比，一定要做到事业发展到哪里，相关部门的权力和责任就延伸到哪里，消灭管理盲区和责任盲区。避免扯皮推诿现象发生。

（二）高校在实施组织结构控制时，一定要明确部门之间（二级单位）的相互关系，部门之间主动配合、支持并接受监督，积极推动“校院二级管理”改革，逐步将人事权、预算权、学科建设权和学生管理权下放到二级学院，充分调动二级学院办班办学的积极性。职能部门由过程管理转向结果管理，通过服务和监督实现管理目标。

（三）高校在实施组织系统控制时，一定要明确部门（二级单位）之间的垂直领导关系和横向协作关系，如：对高校里的“主持”“分管”“协管”以及“联系”进行清晰的描绘，避免混淆不清，被管单位无所适从的现象发生。

第四节

职务分离控制

一、职务分离控制的概念

职务分离控制是指对组织内部的不相容职务工作分别由不同的部门或不同的

人员经办。这一控制能够使有关人员在处理业务时得到“互相牵制”和“互相制约”，发现错误舞弊，严防错误和舞弊行为发生。

二、职务分离控制的具体方法

在组织内部，需要实施职务分离控制的事项详见表3—4：

表3-4　职务分离控制的具体方法

具体方法	大体内容
授权与业务经办分离	采购批准职务与经办执行职务分离。
业务经办与会计记录分离	采购执行职务与会计记录职务分离。
会计记录与财产保管分离	会计记录职务与财产保管职务分离。
业务经办与稽核检查分离	业务经办职务与事后检查职务分离。
授权批准与监督检查分离	采购的批准职务与监督检查职务分离。
保管与清查控制分离	保管某项财物职务与这项财物清查职务分离。
总账与明细账控制分离	记录总账与记录明细账、日记账的人员分离。

三、高校实施职务分离控制需要注意的问题

（一）在一个组织内，某几种相互关联的职务如果由同一个人来担任就会增加发生差错和舞弊的可能性，或者增加发生差错和舞弊以后进行掩饰的可能性，这些职务称为不相容职务。根据不相容职务分工控制的要求，一项经济业务不能由一个人单独处理。因此，高校在设计内部控制系统时，首先必须对学校的经济活动进行全面梳理，确定哪些岗位和职务是不相容的；其次要明确各个机构和岗位的职责权限，让不相容岗位和职务之间能够相互支持、相互制约，形成有效的制衡机制。

（二）不相容职务分离的核心是“内部牵制”。我国高校普遍实行了钱、账、物分管制度。但是，仅仅停留在钱、账、物分管这个点上是远远不够的，现代组织内部的职务分离控制，比起钱、账、物分管制度要广泛和深刻得多。如：招聘工作中的分数统计和复核分离、劳资部门的工资调整计算和复核分离等，因此，高校领导应该定期对高校的职务分离进行合理的扩充，做到哪里有舞弊，哪里就有不相容职务分离。

第五节

授权批准控制

一、授权批准控制的概念

授权批准控制是组织内各级工作人员必须经过授权和批准才能对有关的经济业务进行处理，未经授权和批准的人员不允许接触和处理这类业务。

二、授权批准控制的具体方法

表3-5　授权批准控制的具体方法

具体方法	大体内容
常规授权控制	授予有关人员处理正常范围内经济业务的权限。
特殊授权控制	授予有关人员处理超出一般授权范围特殊业务的权限。

三、高校实施授权批准控制需要注意的问题

（一）高校在实施授权批准控制时，必须明确常规授权和特别授权的内涵要求。常规授权（又称一般授权）是指高校在日常管理活动中按照既定的职责和程序进行的授权，用以规范经济业务的权力、条件和有关责任者，其时效性一般较长。管理人员在其职责范围和业务处理权限以内，不需经过请示批准便可处理业务，这样，可以尽快地进行业务处理，防止推诿的现象发生。特别授权是在特殊情况、特定条件下对办理例外的非常规性交易事项的权力、条件和责任的应急性授权。当业务超出了他们的职责范围或权限时，他们必须经过批准方可处理这些业务。

（二）高校中多数二级学院的院长都是教授或某个学科的带头人，缺少基层管理工作经历，对授权审批和财产清查等具体要求了解不多，因此，高校必须建立授权审批体系，编制常规授权的权限指引，规范特别授权的范围、权限、程序

和责任，严格控制特别授权。对于重大的业务和事项，高校应当实行集体决策审批或者审签制度，任何个人不得单独进行决策或擅自改变集体决策。

（三）在授权批准控制的同时必须明确各级管理人员所承担的责任。权力下放意味着责任下放，但并不会由于权力下放就能够免除授权人的责任担当，授权人授权之后还要继续对接受授权的单位和个人进行指导和检查，促使接受授权的部门和个人加强工作责任心，切实承担履职责任。

（四）在进行授权控制时，常规授权的范围不宜太大，但也不可过小。如果常规授权的范围太大，会使单位或部门的领导失去对重要业务的控制，削弱内部控制的严肃性，从而带来较大的管理风险。如果常规授权范围十分狭小，凡事均需请示、批准，也势必会削弱管理人员的积极性和责任感，不利于提高管理水平。

（五）授权方式既可以采用书面授权，也可以采用口头授权。为保持内部控制的严肃性，高校应该尽量采用书面授权（写明授权事项、有效时间并让授权人亲笔签名）的方式，方便工作回查和责任追究。尤其是特殊授权，更加需要通过书面形式来表明授权人的委托以及被授权人的受托关系。

四、案例分析

例如，广东医科大学由于湛江和东莞两个校区跨度大，部门正副职领导一般相对固定负责一个校区的日常工作，为方便报账，部门负责人一般都会授予副职一定的经费审批权限（一般为2000元以下），在2000元内，不需另行请示，部门副职直接有权根据财务规定签署审批意见，对于超过2000元的业务，必须经过部门正职批准后方可签署审批意见。前者为常规授权而后者则为特殊授权。

第六节

人员素质控制

一、人员素质控制的概念

人员素质控制，就是根据“人岗匹配”的原则，将合适的人安排到合适的岗位并加以培养和考核，使人的作用发挥到极致的控制。

二、人员素质控制的具体方法

表3-6　人员素质控制的具体方法

具体方法	大体内容
建立人事任免制度	根据员工的德能表现委派工作，使他们能够胜任各自的工作。
建立岗前培训制度	明确职工必须通过业务考核才能上岗工作，人事部门对新入职员工进行集体培训，让员工了解相关制度和纪律要求。
建立业绩考核制度	建立员工业绩评价指标体系，定期对员工进行业绩考核，打破终身制，实行动态管理，将不能胜任管理工作的人员调离管理岗位，对达不到技术等级要求的专业技术人员实行降级处理。
建立继续教育制度	按照行业规定，建立继续教育制度，定期组织各类人员进行职业道德和技能培训，提高员工的职业道德素质和技术业务素质。
建立奖励惩罚制度	对于爱岗敬业、业绩优良的员工给予肯定、表彰或者提职加薪奖励，对于纪律懒散、给单位带来负面影响的员工进行批评教育，提高职工的工作责任感和荣誉感，提升社会正能量。
建立职务轮换制度	定期调换职工的工作并对职工的工作能力和工作情况进行全面检查，帮助培养职工胜任工作的能力。

三、高校实施人员素质控制需要注意的问题

（一）任何管理工作都离不开人的主观作用，人既是内部控制的设计者、建设者，又是内部控制的执行者，高校内部控制的契合度以及内部控制的执行效度，同人员素质密不可分。高校应该采用一定的方法和手段对职工的思想品德、业务技能和工作能力进行控制，保证各类人员素质与负责的工作岗位要求相适应，保证人人都胜任岗位工作，高质量完成工作任务。

（二）高校知识分子是高智商人群，从事教学和科研工作的人对工作环境的要求比较高，高校应该想方设法为教学和科研人员提供比较舒适的工作环境，提供浏览和借阅图书及期刊的便利，提供地方社会经济发展等方面的资讯。对于交通困难的大龄教授，给予非坐班制的照顾。对于掌握国家秘密或重要科研攻关秘密的员工要建立离岗的限制性规定，防止员工利用离岗机会泄露国家秘密。

（三）任何人群都存在先进、一般和落后三种情况，高校知识分子思想活跃，个性张扬，高校的人事部门要做好分类疏导工作，尽可能通过鼓励先进，鞭

策后进，抓两头促中间，培育员工积极向上的价值观和社会责任感。高校的领导层和中层干部要率先垂范，在工作中主动学习新理论和新知识，提高工作能力，在营造良好的高校文化方面发挥关键的作用。

第七节

信息质量控制

一、信息质量控制的概念

信息质量控制是指单位发生的经济业务不仅要形成信息，而且相关信息要准确、完整、可靠、及时并能够共享，对单位的管理和监督工作带来正面影响的控制。

二、信息质量控制的具体方法

表3-7　信息质量控制的具体方法

具体方法	大体内容
审核控制	记账凭证必须根据经专人审核后的原始凭证进行记录。
内容控制	记账凭证的内容必须保持同原始凭证一致。
编号控制	凭证必须连续编号，凭证的使用必须按编号次序依次使用，领用空白凭证必须经过登记备案手续。
用途控制	凭证的正、副联必须复写填制，各联凭证必须注明用途，严格按规定用途使用各联凭证，报废凭证必须注明“报废”字样，并妥善保管。
复核控制	建立定期复核制度，定期对凭证的填制、记账、过账和编制报表工作进行复核。
核对控制	建立总分类账与明细分类账、日记账的核对制度。
签名控制	业务经办人员在处理有关业务后必须签名盖章，以备今后追溯责任。
传递控制	建立完善的凭证传递程序。
分析控制	建立会计信息的定期分析制度，及时发现和纠正信息谬误。
清查控制	定期或不定期地对库存现金、银行存款、各项金融性资产以及各项财产物资进行清查，根据实存数调整账面数，查明盘盈盘亏原因，确保账实相符。

三、高校实施信息质量控制需要注意的问题

（一）信息质量控制严密才能确保信息准确、完整和可靠，才能为今后回查提供资料保障。因此，信息质量控制是内部控制的重要控制措施，高校领导必须高度重视信息保管和信息利用工作，通过信息质量控制促进高校内部控制的建设和健全。

（二）信息质量控制最重要的方面就是会计控制系统的建立，对于已经利用网络报账的高校，要特别重视局域网的安全保障建设工作，电子档案要搞好备份，异地存放，同时要按照档案管理要求定期整理归档纸质资料。

（三）建立质量控制规章制度，形成规范的控制流程，养成自觉履行控制的工作习惯。根据会计凭证保管期限由15年调整为30年的规定，及时做好会计档案室的建设工作，做好档案室的防火、防潮、防盗、防虫蛀鼠咬工作，保证会计档案得到完整存放。

第八节

财产安全控制

一、财产安全控制的概念

高校为保证财产安全而采取的一系列控制措施。

二、财产安全控制的具体方法

表3-8 财产安全控制的具体方法

具体方法	大体内容
账务控制	发生经济业务要立即记账，特别是库存现金、银行存款等业务，更加需要重视账务控制，以防现金被贪污挪用。
盘存控制	定期对实物资产进行盘点并将盘点结果与会计记录进行比较，采用永续盘存的方法反映财产物资的增减变动情况，随时反映财产物资的进、出、存情况。

（续上表）

具体方法	大体内容
接触控制	严格限制未经授权的人员接触资产，对货币资金、有价证券、贵重物品、存货等变现能力强又便于携带的资产必须限制无关人员的直接接触。
档案控制	建立财务档案保管制度，编制档案清册并妥善保管，防止抽换和篡改档案资料，对财产物资进行科学编号，便于清点。

三、高校实施财产安全控制需要注意的问题

（一）财产是高校资金、财物及民事权利义务的总和，按是否具有实物形态，分为有形财产（如资金、财物）和无形财产（如著作权、发明权）；按民事权利义务，分为积极财产（如金钱、财物及各种权益）和消极财产（如债务）。保障财产安全特别是资产安全，是内部控制的重要目标之一，因此，高校实施财产安全控制，不能仅仅局限于有形财产和积极财产，还要同时关注无形财产和消极财产。

（二）高校科研人员为了方便使用，在科研专项经费充足的情况下都会提出设备购置请求，“重购买、轻管理”是高校财产管理存在的普遍现象。事实上，设备空置浪费行为同资金浪费行为并没有什么本质区别。因此，高校在实施财产安全控制时，要特别注意做好防止财产隐形流失现象的发生。

（三）部门之间定期清查盘点并相互核对是预防财产流失的有效手段。财产安全既要依靠使用部门的悉心保管，同时也离不开财务和设备归口管理部门的账目控制和日常监督，高校既要建立起“谁用谁管谁负责”的财产管理机制，又要建立起财产部门、设备管理部门和设备使用部门信息互通并“同抓共管”的财产管理平台。

第九节

业务程序控制

一、业务程序控制的概念

业务程序控制是指对重复发生的业务采用规范化、标准化的手段对业务处理过程进行的控制。

二、业务程序控制的具体方法

表3-9　业务程序控制的具体方法

具体方法	大体内容
凭证传递标准化	明晰凭证取得、粘贴、签批到归档的标准化流程。
记账程序标准化	明晰报账审核、复核、付款和记账的标准化流程。
收支程序标准化	明晰资金从收入取得到支出经办系列标准化流程。

三、高校实施业务程序控制需要注意的问题

（一）业务程序标准化，可以确保工作有条不紊，防止杂乱无章，提高工作效率。高校各部门都应该立足于“简化流程，保证质量”，对各级人员的业务范围、权责以及业务处理的基本程序建立起标准化的工作流程。

（二）高校各部处（包括二级学院）都要根据每项业务流程制作工作手册并公布投诉电话，或制作宣传栏张贴上墙，或利用部门网页予以公开，方便有需要的人员浏览阅读。公开业务程序标准化，既可以方便群众事先做好材料和手续的准备工作，又便于社会公众对具体办事人员实施投诉监督。

第十节

目标考核控制

一、目标考核控制的概念

高校目标考核是按照一定的指标或标准去评判部门和人员工作业绩，并根据衡量结果给予相应奖惩的管理活动。

二、目标考核的具体方法

表3-10　目标考核的具体方法

具体方法	大体内容
目标定量考核控制	建立系列定量考核指标（包括绝对值指标和相对值指标），将被考核者的实际完成量与设定的目标完成量进行对比。
目标定性考核控制	建立系列定性考核指标（优、良、中、差），将被考核者实际工作表现与设定的目标要求进行对比。

三、高校实施目标考核控制需要注意的问题

（一）目标设定要考虑科学性。量化指标是最易于考核的指标，比如，入学率、毕业率、就业率、课题中标率、节电额、论文发表篇数等，既易于统计又易于归纳考核结论，这类指标受到普遍欢迎。但是，并不是所有的管理和服务工作都可以量化考核，比如学生宿舍管理员的工作业绩就很难利用量化指标进行衡量，类似这种服务性工作，应该结合学生评价予以考核。因此，高校在实施目标考核控制的时候，需要考虑目标设定的科学性问题。

（二）目标考核要考虑公平性。目标考核的目的是通过考核达到鼓励先进、鞭策后进、以点带面，推动整体达标。目标考核公平才能得到被考核者的信任和尊重。因此，高校应结合被考核者的自我考核、群众测评和专家考核的方式进行目标考核，考核专家的人选既要具备专业能力又要处事公道，作风正派，实事求是，保持考核评价的公平性。

（三）目标考核要实行动态管理。高校目标考核涉及考核主体、考核对象、考核要素、考核标准、考核方法、考核程序等因素，既需要建立起完整的绩效评价体系，又要建立被考核者的日常业绩数据库，及时采集被考核者的工作业绩信息，做到按月、按学期或按目标完成计划周期内收集与反馈目标考核信息的工作，实施考核全过程动态管理，为考评提供较为翔实的参考依据，减少人为主观评判误差。

第十一节

内部审计控制

一、内部审计控制的概念

内部审计控制是指高校的内部审计机构或国家审计机关、社会审计组织对高校及所属单位的内部控制设计与运行的健全性、有效性进行评价的一种手段。

高校内部应是一个健全的内部控制体系，不仅具有健全的内部控制应用体系，而且具有健全的内部控制评价体系。内部审计作为内部控制的组成部分，其本身就是一种控制；内部审计又要对高校内部控制进行评价，因此，内部审计是内部控制的再控制①。

二、内部审计控制的具体方法

无论是事前审计还是事中审计或事后审计，为了取得准确的审计证据，通常都会采用一些合适的方法。一般而言，内部审计控制的具体方法详见表3—11：

表3-11　内部审计控制的具体方法

具体方法	大体内容
审核法	对会计记录和其他书面材料进行审阅与核对，如查阅会计资料、预算、计划、会议记录及各种规章制度等资料使用情况。
监盘法	内部审计人员在现场观察被审计单位存货的盘点，对已盘点的存货进行适当检查。对有形资产、现金、有价证券的审计一般都会采用本方法。
观察法	内部审计人员实地察看被审计单位的工作场所、实物资产和有关业务活动及其内部控制的执行情况，以获取审计证据。
询问法	审计人员与被审计单位或有关人员进行面对面交谈以了解有关情况、收集审计证据。

① 乔春华.高校管理审计研究[M].南京：东南大学出版社，2016：175.

（续上表）

具体方法	大体内容
函证法	为证明被审计单位会计资料所载事项而向有关单位或个人发函询证，要求第三方就业务和相关金额予以回复确认。
复核法	通过对会计记录中的期末余额、小计、合计、差数、积数、商数等进行复算，以检查计算技术上有无错误、数字是否正确。
专题调查法	为了证实某一特定事项，回答某一特定问题而对某审计事项进行的一项专门的调查。
分析性复核法	审计人员通过分析被审计单位重要的比率或趋势，包括调查这些比率或趋势的异常变动及其与预期数额和相关信息的差异而获取初步审计线索。

高校内部审计机构具有独立性、客观性和权威性的特点，由内部审计机构对学校经济活动可能存在的风险进行排查，对关键控制点及控制措施进行分析，对规章制度的实施情况进行评价，有利于促进高校及所属单位加强和完善内部控制建设。

三、高校实施内部控制审计需要注意的问题

（一）高校内部审计是一种独立、客观的确认和咨询活动，它通过运用系统、规范的方法，审查和评价单位的业务活动、内部控制和风险管理的适当性和有效性，以促进单位完善治理，提高教育资金效益，更好地为教育目标的实现服务。

（二）内部审计制度是贯彻内部控制的有效手段，高校管理层应高度重视内部审计工作。高校都应该设置独立的审计机构，在学校的校长或分管领导的直接领导下，依据国家法律、法规和政策，以及教育主管部门、审计主管部门和本校的规章制度，独立地开展审计工作，对学校主要领导或分管领导负责并报告工作，同时接受国家审计机关和教育主管部门内部审计机构的业务指导和检查。独立是内部审计存在的灵魂，高校的内部审计人员在审计工作中一定要依法独立发表审计意见。

（三）内部审计控制是内部控制的一种特殊形式，内部审计机构应当结合内部审计监督发现的问题，对被审计单位内部控制的有效性进行监督评价。内部审计机构对监督检查发现的内部控制缺陷，应当按照高校内部审计工作程序进行报告，责令整改，借以增强内部审计“免疫系统”功能。

（四）高校的内部审计已由早期的“查错防弊”向“管理审计”扩展。高校内部审计机构要加强对审计人员的业务培训，保证内部审计人员能够准确掌握内部审计的各种方法，善于利用审计方法获取审计证据，准确做出审计结论，保证审计结论的权威性。

（五）内部控制的监督工作是高校运行的“免疫系统”。既然是免疫系统，就应该充分发挥“内生性力量”的作用，更早地感受到各种风险，更快地发现自身机体的“病灶”，更好地调动“免疫系统”的功能来防范和解决问题，决不能等到“病入膏肓”时再靠“外生力量”解决问题①。

第十二节

知人善任，同样不能缺失内部控制

中国有句老话，叫“疑人不用，用人不疑”。历史上，刘备不疑诸葛亮的忠心，临终以举国相托，换来孔明一生鞠躬尽瘁；唐太宗不疑尉迟敬德的忠良，当他人怀疑其反叛时，仍然赤诚相待，换来的是这位猛将一生效忠。受此类历史典故的影响，不少领导视“疑人不用，用人不疑”为管理的“秘籍”。

在单位中，不少领导人认为知根知底的人才能信得过、靠得住，用起来贴心，结果不少单位的财务和人事岗位负责人都由领导信得过的人担任。由于都是信得过的人，在工作中往往以情感替代管理，用信任替代监控，领导们沉醉在一片“忠诚”的海洋之中。

20世纪90年代，十四个沿海开放城市之一的湛江市，有间国有企业曾被当时的广东省委书记美誉为“粤西骏马”，时任总书记、国务院总理、全国人大常委会委员长、政协主席等国家级领导人都到过该企业视察，它就是曾经令湛江人引以为自豪，让外地人羡慕不已的广东三星企业（集团）股份有限公司。该企业已被广东省发展改革委员会推荐为股改和上市后备企业，并被国务院主管工业的副总理谋划同海南汽车公司合并建设为“南方汽车生产基地”。可当注册会计师接受委托对公司进行上市前财务审计时，发现该公司的债权、债务、成本和利润等重要财务数据不尽翔实，注册会计师无法出具“标准的无保留意见”审计报告，

① 宋文秀.高校内部控制规范实施探析[J].财会研究，2015（2）：37—39.

因此，广东三星企业（集团）股份有限公司被严拒上市大门之外。该公司财务负责人正是公司老总信得过的人，正是这位信得过的人未能带领团队严格按照财务规范为老总管好家、理好财，令公司错失上市融资并进入跨越发展的历史机遇。

如果说广东三星企业（集团）股份公司的失败是改革开放初期企业管理不成熟造成的，可在2017年6月6日正义网曝出“侵占公司2200万元打网游，福建平潭一‘90后’小伙因涉嫌职务侵占被批捕”一则新闻更令人大跌眼镜。2013年，大学毕业的黄飞雁被安排在家族开办的建筑公司担任出纳，由于公司财务管理不规范，一些工地项目支出和报账款都转到黄飞雁私人银行账户上。起初黄飞雁都按规定付款，但慢慢地他发现基本没有人过问项目开支剩余钱款的去向，于是动了私心，偷偷把部分款项用于自己私人购买房屋、汽车和玩网络游戏。因为是家族企业，内部事务很多时候靠的是亲情和信任，现金未经盘点核实就在报表上作为库存款项确认，一直到公司资金入不敷出时才被发现出了问题。监管缺位，既断送了小伙子的大好前程，也给家族企业带来了灾难性打击。

每个人都渴望得到他人的信任，希望得到信任的温暖。“用人不疑”是对人才的尊重，更有利于调动人才的积极性，“士为知己者死”，这句话充分体现了对人才充分信任才能得到人才的充分回报。历史上“用人不疑”的理念和做法造就了不少明君和忠臣。可当今在管理实践中，我们发现：有时候纯粹的情感换不来绝对的忠诚，一味地信任却会带来毁灭性打击。究其原因，过去和现在人的思想大不一样。

在过去缺乏管理制度的年代，领导人只好靠情感和经验来确认自己的猜测。过去区域交流空间有限，信息沟通相对闭塞，传统的约定往往都会让人们铭记心中，默默坚持，“打虎亲兄弟，上阵父子兵”，血缘和盟约牢牢绑住人们的心灵，进而转化成为无言的约束和无形的监控。

现代社会，科学发达，人们见多识广又不封闭，血缘和盟约并不能约束多数人的一切行为，唯有科学的制度管人和系统的流程管事才能够被大家所接受。

首先，人的主观判断会有失误。人有主观意识，它受一个人的家庭、经历、学识、情感等因素的多重影响，所以主观判断难免会出现差错。蜀汉名将魏延，刘备对其“用人不疑”，委之以重任，而诸葛亮对其却“疑人慎用”，不喜其锋芒毕露。可见，谁是可用之人，谁为不可用之辈，仅凭个人一时的主观判断作为长久的依据是不科学的，结果要么引“狼”入室，要么错失人才。

其次，人会随着环境的变化而变化。随着时间的推移和环境的变化，人们的认知和行为也会发生变化。一个组织既不能放过对表现良好的人的监督，也不应堵死犯过错的人改过的机会。巴林银行就是因为信任没有前科的前新加坡总裁里森，结果造成了8.7亿英镑的损失。相反，美国的法兰克·威廉虽然曾是个诈骗分子，但美国政府不计前嫌聘用他，才有后来打击诈骗网络的破案天才！天使可以折翼，浪子也可能回头。利用科学的管理制度才能更加有效地管理人才。

最后，事业发展离不开规范管理。不以规矩不能成方圆，一个组织，要持续发展，就得有一套科学严谨的管理体系，大胆使用懂管理会经营又能够自觉遵守单位各项规章制度的员工，做到不分区域、不分亲疏、因岗用人、任人唯贤。例如，华为技术有限公司在全球有15多万名员工，员工来自五湖四海，任正非管理企业和员工的策略是：一是让每一位员工都清楚“为客户服务是华为存在的唯一理由；客户需求是华为发展的原动力”；二是成立稽查部门，以稽查评估、规章约束规范全球各地员工的行为。华为的经验让我们认识到对职工进行约束管理，不是为了惩罚任何个人，而是对可靠的人加以重用或托付责任，最大限度地预防错误，以最快速度纠正错误，从而保障组织的最大利益。

事实证明，如果单位领导完全沉浸在自己人构筑的安全堡垒之中，对赋予下属的权力不管不问，一切听之任之，对部门出现的问题不及早给予指导和干预，这种“信任”只会让手下人越来越有恃无恐，部门内部问题越来越严重，最终造成无法弥补的重大损失。在科技发达、经济迅猛发展的当今社会，一个单位的成功不是靠领导者的“知人善任”就能决定的。著名企业家马云也认为“用人不疑，疑人不用”是较低水平的管理方法，是种无奈！而“用人要疑，疑人要用”才是更高境界！那么我们用什么办法来解决用人当中的“疑”呢？当然是“内部控制”，即：通过制度管人、流程管事、绩效评价、目标控制等系列的内部控制制度、措施和程序对单位的人和事进行“全覆盖”的控制管理。

第四章

4

高校控制环境研究

第一节

高校控制环境的概念

高校控制环境是指高校内部控制存在和发展的空间，是实施内部控制的基础，控制环境直接影响、制约着内部控制的建立和执行。高校环境控制主要包括发展规划、内部控制组织架构、运行机制、关键岗位与人员、会计及信息系统等方面。

环境直接或间接地影响着人们对内部控制的认识和态度，是高校内部控制建设不可忽略的一个基础性问题。高校管理者必须高度重视自身控制环境的改善和建设工作。

第二节

高校控制环境可能出现的风险

通常，高校的控制环境可能会出现如下风险：

（一）发展规划不明晰的风险。发展规划不明确，导致学校盲目发展，脱离实际，造成资源浪费，难以形成竞争优势，丧失发展机遇和动力。

（二）规划实施不到位的风险。规划制定后未能认真实施，或者由于领导变更，原来的规划遭受搁置，新领导另起炉灶，最终导致规划流于形式，得不到落实。

（三）治理结构不完善的风险。缺乏科学决策、良性运行的机制，规划未能有效执行，导致高校事业发展停滞或缓慢，难以实现发展目标。

（四）部门职责不明确的风险。内部机构设计不科学，权责分配不合理，导致机构重叠，职能交叉或缺失，推诿扯皮，运行效率低下。岗位设置不合理，岗位职责不明确，导致关键岗位缺失控制和监督，产生控制风险。

（五）历史文化不健康的风险。会计与信息系统建设不到位，人力资源政策不合理，缺乏积极向上的大学文化等，导致内部控制建设和贯彻不顺畅。

控制环境渗透到学校经济活动的决策、执行和监督全过程，高校工作者应该关注重要经济活动及其可能产生的重大风险。

第三节

高校控制环境需要采取的相应措施

一、依法依规制定总体规划

高校的总体规划是学校发展的顶层设计。学校应该依照党的教育方针和国家的教育布局，结合学校实际认真制定自身的总体规划。

（一）要有长远的发展愿景。发展规划是指高校结合自身定位，在对现实状况进行综合分析和对未来趋势进行科学预测的基础上，制订并实施的长远发展愿景与发展计划。高校要根据自身专业优势、人才优势和地域优势，提出长远的发展愿景。如《国家中长期教育改革和发展规划纲要（2010–2020年）》为各高校制定自身的发展规划（2010—2020年）提供了参考依据。

（二）要有发展规划的负责部门。高校应当设立或指定相关机构负责发展规划的制定与落实工作，明确部门职责、议事规则和岗位要求。高校规划部门的负责人应当由熟悉国家教育政策，熟悉高校教学规律，了解本校基本情况，具有宏观思维的人员担任。

（三）要深入基层搞好调查研究。高校应当在深入调查研究、科学分析预测和广泛征求意见的基础上制定发展规划。发展规划应当明确每个发展阶段的具体目标、工作任务和实施路径。如广东医科大学的发展愿景是“建设特色鲜明人民满意的医科院校”，那么学校的发展规划就要围绕“特色鲜明”和“人民满意”两个层面进行设计。

（四）要切实履行报批手续。学校发展规划方案按照学校法定程序批准后实施（一般都要经过专家论证、校务委员会讨论、校长办公会讨论、党委会讨论、职工代表大会表决）。广东省教育主管部门规定，省属公办高校的发展规划需要报送省教育厅审批，经教育厅审批后方可实施。

（五）对实施情况进行全程跟踪。根据发展规划编制年度工作计划，完善发展规划贯彻落实的保障制度，确保发展规划的有效实施。同时，高校规划管理部门还要加强对规划实施情况的监控，定期收集和分析相关信息，对于明显偏离发展规划的情况应及时报告；确需对发展规划做出调整的，应当按照规定权限和规定的程序办理调整手续。

二、搭建科学的组织架构

组织架构是指高校按照国家有关法律法规、大学章程，结合高校实际，明确内部各层级机构设置、职责权限、人员编制、工作程序和相关要求的制度安排，包括组织机构和岗位设置等。

组织架构是开展工作的根本前提，高校的组织架构应该力求做到：

（一）领导重视。高校党委书记应切实负起对学校内部控制工作的领导责任，按规定权限集体研究决定经济活动重大事项，支持校长依法开展内部控制建设工作。校长办公会议按规定权限对学校经济活动重要事项进行决策。党政领导班子其他成员按照“一岗双责”的要求，根据分工抓好职责范围内的内部控制工作。

（二）有人牵头。高校应当单独设置内部控制职能部门或确定内部控制牵头部门，负责组织协调内部控制工作，为内部控制的建立与实施工作提供强有力的组织保障。财政部门是内部控制的牵头部门，高校的财务部门是当仁不让的内部控制的组织建设者，如果高校财务负责人不善于做沟通协调工作，学校可以考虑由发展规划部门、党委办公室、校长办公室甚至人事部门作为内部控制牵头部门。总之，高校必须要有内部控制工作的牵头部门，而且这个牵头部门是单位里的强势部门。

（三）全面梳理。高校要对现有治理结构和内部机构设置进行全面梳理，并定期对内部机构设置的合理性和运行的有效性进行评估。按照科学、精简、高效、透明、制衡的原则，综合考虑发展战略、管理要求和学校文化等因素，合理设置组织机构，明确各机构的职责权限、人员任职条件、议事规则和工作流程，避免职能交叉、缺失或权责过于集中。要将内部控制与组织机构设置有机联系起来，确保组织机构设置科学、机制运行顺畅、控制监督有力。

（四）明确责任。高校应当根据内部控制的总体要求，明确各个岗位的权限和相互制衡关系，体现不相容职务相互分离的精神。不相容职务通常包括：可行性研究与决策审批；决策审批与执行；执行与监督检查等。部门之间需要互相牵制，部门内部同样需要互相牵制，譬如：二级学院采购办公用品时，院长一人包办购买、验收、使用和报账审批几个环节的工作是不恰当的，而是由学院的办事人员负责采购，库管人员负责验收，院长应当在确认货物质量、数量和价格合理的基础上负责报账签批。

（五）明晰流程。高校应当制定组织结构图、业务流程图、岗位职责和权限指引等管理制度或相关文件，让教职工充分了解学校的组织架构及权责分配情况，从而更加有效地履行职责，提供服务。学校人员在校园里能够借助校园网查阅到具体流程以及每个流程需要提供的材料清单，从而十分通畅地办妥每一件事情。

三、建立顺畅的运行机制

所谓运行机制，是指包括决策机制、执行机制、协同机制、监督机制等在内的保证高校内部控制目标实现的内部运行和制衡机制。

运行机制是确保内部控制工作顺畅运行的保障，高校的运行机制应当做到：

（一）集体决策。高校的重大经济决策、重大经济事项、大额资金支付业务等，应当按照规定的权限和程序实行集体决策审批或者联签制度，并应以纪实方式记录集体决策过程。对于重大事项，任何个人不得单独进行决策或者擅自改变集体决策意见。从简化工作流程、提高工作效率、降低决策失误、增强风险防控能力出发，高校应当根据上级文件精神并结合学校的实际情况，制定落实“三重一大”规定的具体措施，明确重大经济决策、重大经济事项、大额资金支付业务的具体内容或标准。

（二）分权控制。建立并完善包括不相容岗位相分离、内部授权审批控制、归口管理、预算控制、资产保护控制、会计控制、单据控制、信息公开控制、信息技术控制等措施在内的内部控制执行机制。同时建立“以预算为主线、资金管控为核心”的业务流程协同机制，积极发挥财务、基建、科研、政府采购、资产管理、合同管理等与经济活动相关的部门或岗位的作用，保证岗位工作在分权控制的基础上得以高效运转。

（三）监督控制。充分发挥内部审计、纪检监察部门的作用，通过内部控制评价和内部审计监督及时发现内部控制建设和实施过程存在的问题和薄弱环节，及时改进，确保内部控制体系得以有效运行。当前，为集中精力抓好主业工作，纪委正在开展“转职能、转方式、转作风”的“三转”工作，从“挡箭牌”和“救火队”的前线退到监控后方，高校监督部门要主动做好宣传教育工作，讲明“三转”的意义和真正的意图，避免群众误会，同时，单位内部审计部门要积极创新审计手段，促进内部控制机制建设，不断扩大审计覆盖面，消灭审计盲区。

四、做好关键岗位人员的教育管理工作

预算业务管理、收支业务管理、采购业务管理、建设项目管理、资产管理、合同管理以及内部监督，是高校经济活动的重要岗位。关键岗位人员的自我约束能力和阻止风险发生能力对单位的内部控制工作起到举足轻重的作用。

（一）人岗匹配。对于关键岗位，学校应当明确其职责权限、任职条件和工作要求，切实做到因事设岗、以岗选人，避免因人设岗。遵循德才兼备、以德为先和公开、公平、公正的原则，通过公开招聘、竞争上岗等多种方式选聘与关键岗位相适应的优秀人才，实现人岗匹配。

（二）加强培训。每年都要组织财会、审计、工程以及招投标等重要领域人员参加职业道德教育和专业知识培训，并对这些人员的继续教育情况进行业务考核，帮助关键岗位人员提高职业道德水平，提升专业技能和综合工作能力。

（三）加强管理。首先，建立和完善关键岗位人员的考核奖惩机制，定期对关键岗位人员履职情况进行考核，并根据考核结果进行奖惩。其次，建立关键岗位人员定期轮岗制度，根据学校实际情况明确轮岗范围、轮岗周期、轮岗方式等。对暂不具备轮岗条件的，应当采取专项审计等控制措施替代轮岗制度，确保关键岗位人员依法履行岗位职责。再次，建立健全关键岗位人员的退出机制，明确退出的条件和程序，确保退出机制得到有效实施。高校内部控制关键岗位人员离职前，应根据有关法律法规和单位规定进行工作交接、进行离任审计等。

五、建立安全可靠的会计与信息系统

高校的会计与信息系统，包括会计系统和信息系统，其中会计系统是指高校会计机构、会计人员和会计工作的有机组合，信息系统是指高校利用计算机和通信技术，对经济活动过程中产生的数据进行集成、转化和提升所形成的信息化管理平台。

对于会计和信息系统，高校应重点抓好机构建设和岗位设置，建立安全保障系统，保证会计工作和会计信息运行稳定。具体措施包括：

（一）抓好财务队伍建设。当今高等院校，在校生普遍在1万人以上，教职工普遍在3000人以上，财政拨款和学校创收经费普遍在4亿元以上，高校经费管理是项庞大工程，高等学校要按照《会计法》《会计准则》等法律法规要求，建立健全会计机构，明确会计机构的职责和权限，依法合理设置工作岗位，配备具备资格条件的会计工作人员，加强会计人员专业技能培训，明确学校会计工作的责任主体，为会计管理工作有序运转提供组织和人员保障。

（二）抓好会计流程建设。清晰的业务流程是做好会计管理的基础，高校应当根据《会计法》《会计准则》等法律法规，结合学校实际建立内部会计管理制度，制定会计工作基础规范，明确会计管理要求，完善会计业务处理流程，确保会计工作有章可循、有据可依。无论是采取“集中管理、集中核算”的财务管理体制还是采取“分级管理、集中核算”的财务管理体制，财务部门都要对学校发生的各项经济业务进行记录、归集、分类和编报，确保核算完整、真实，充分发挥会计系统的控制职能。

（三）抓信息系统建设。高校应当根据内部控制要求，制定信息系统建设的总体规划，健全信息系统管理程序，设置信息系统管理岗位，明确信息系统管理责任，对信息系统实行归口管理。要充分运用现代科学技术手段加强内部控制，将经济活动及其内部控制流程嵌入信息系统中，并确保各重要信息系统之间的互联互通、信息共享和业务协同。减少或消除人为操纵因素，提高办事效率和管理水平，促进信息公开和廉政建设，增强经济活动处理过程与结果的透明和公正。

第四节

高校控制环境的案例分析

案例：每笔大额开支都需要校长办公会讨论吗？

广东省文件规定，预算以内100万元以上和预算外10万元以上的开支，都必须经过集体讨论决策。

有的高校每开支一笔预算以内100万元以上和预算以外10万元以上的开支时，

都提交校长办公会讨论，结果每周校长办公会讨论的议题都十分繁多，学校领导疲于讨论决策，工作进度也因等待漫长的集体决策而十分缓慢。职工对此意见纷纷。

每笔大额开支一定都要提交校长办公会讨论吗？

事实上，各个部门在提交预算申请之前都会在一定的范围内进行立项论证，财务部门在安排年度预算的过程中，既会分析对比往年的预算安排和执行情况，又会综合考虑学校发展需要和当前财力可能，依据“量入为出，综合平衡”的原则编制学校的财务预算。学校年度综合预算安排一般都要经过预算委员会、校长办公会、党委会和职工代表大会层层讨论，预算工作小组根据各方讨论意见再次修改，提交校长办公会审议通过后由党委会决定。预算过程已经经过了集体讨论程序，对于预算中已经安排的项目，如果再次在会上讨论预算安排问题，实属重复。譬如：在年度预算上已经有了大门建设120万元的专项预算，财务人员在签署部门意见时，如果认为只有经过校长办公会再次讨论120万元经费预算这一程序才符合“三重一大”要求，那么财务的理解是存在偏差的，是不利于提高工作效率的。

从这个案例可以归纳如下四点意见：一是学校人员，特别是财务负责人，一定要对国家文件和主管部门的规定进行深入思考，深刻领会，不可凭着个人的偏好曲解文件要求；二是集体讨论是为了让事情在阳光下操作，避免领导者个人独断专行或暗箱操作，体现社会公平；三是行政决策以及行政运转是要讲究工作效率的，流程过于复杂，不利于提升办事效率，不利于教育事业的平稳发展，从反腐败的角度来看，不作为同样是一种腐败；四是环境控制是单位内部控制的基础，人们的思想观念陈旧，意识狭隘（缺乏政治意识、责任意识和大局意识），凡事不是从发展的思维出发，而是从保护自我做起，这样的控制环境是不健康的，不应得到保留和认可。

高校党委书记和校长对这些问题一定要有一个明确的价值取向，不可放任自流，更加不可随波逐流， 一定要以更高的姿态、更宽阔的视野，引领学校控制环境向更健康、更阳光的方向发展 。

第五节

控制文化——内部控制中的一个绕不开的话题

讨论内部控制时，不能不谈内部控制的历史沿革，只有清楚了内部控制的历史沿革，才会正确理解“内部控制”和“内部牵制”两者的内在差异；只有将内部控制制度、方法进行纵横比较，才会真正理解“职务分离控制”和“授权批准控制”的区别；只有对内部控制的原则进行多维思考，才会深刻理解全面性、重要性、均衡性、适当性四个原则的关联关系；只有准确把握内部环境的内涵，才会透彻理解内部环境在整个内部控制中的重要性。

万丈高楼平地起，高楼之所以屹立不倒，全赖基础扎实。一个单位，预算编制的科学性、执行的有效性、收支的合理性、招标采购的公平性，毫无疑问都是至关重要的，但单位历史文化和人们的行为习惯则更是不可或缺。好的环境条件是内部控制制度得到贯彻执行的关键，要创造一个具有高度亲和力、凝聚力和竞争力的单位，必须要有内部环境条件的支持，即单位文化的支撑。“人”既是内部控制制度的制定者，又是内部控制制度的执行者。制度科学与否，执行坚决与否，总是同单位的历史文化和人们的行为习惯密切相关，尽管不同单位的控制文化的表现形式不一样，但控制文化的内容都包含着公正、诚实、勤奋、正直、自尊等特征。通过控制文化的熏陶，可以让人们接受、适应、敬畏内部控制，使单位的内部控制建设基础更加扎实。抓内部控制建设，可以先抓制度制定、风险评估、控制活动、信息与沟通和内部监督，但不管先抓什么，后抓什么，始终不可忽略控制文化的建设。控制文化虽是基础，但其影响贯穿于整个内部控制的全过程和全方位。

控制文化是内部控制的基础，只有将扎实的基础和科学的制度有机地结合起来，才能激发内部控制自身内在的活力。单位在建设和实施内部控制时的理性做法是，首先要耐心了解和掌握本单位的概况，对单位的风险点进行评估，在此基础上勾画出内部控制实操流程图，力避制度建设出现 “头重脚轻”的现象。其次，单位应当加强内部控制文化建设，培育积极向上的价值观和社会责任感，倡导诚实守信、爱岗敬业、开拓创新和团队协作精神，树立现代管理理念，强化责任意识、风险意识和法制观念。单位的党政负责人、各部门负责人应当在塑造良好的内部控制文化中发挥好引导带头作用。

5

第五章

高校预决算管理内部控制研究

第一节

高校预决算管理的概念及方式

一、高校预决算管理的概念

高校预算，是指高校根据事业发展规划和计划编制的年度财务收支计划。

高校决算，是指高校根据年度预算执行结果编制的年度报告，包括年度决算报表和财务情况说明书。

二、高校预决算管理的方式

高校预算一般由财务部门于年初根据学校总体工作安排以及年度收入数、各二级单位（包括部处）支出申请数汇总编制而成，高校预算一般要经过预算委员会、校长办公会、党委会和职工代表大会讨论决定，一般以学校的政发文件向全校发布施行。

高校决算由高校的财务部门于年终根据年度预算执行结果进行编制，一般包括资产负债表、收入支出明细表和现金流量表等决算报表和财务情况说明书。

第二节

高校预决算管理应当重点关注的风险

高校的预算和决算工作既专业又严肃，需要由专业人士编制。预算和决算是系统工程，涉及部门多、事项多，高校预、决算管理人员应当重点关注如下风险：

（一）预算编制不准确的风险。低估收入预算，可能会出现部分资金得不到及时安排，从而导致资金使用效率低下或面临被拨款单位收回的风险；高估收入预算，可能会出现部分预算项目得不到资金的支持，从而导致合同无法如期执行，甚至带来经济纠纷的风险。

（二）预算编制不科学的风险。财务预算与事业发展规划不匹配、财务预算与资产配置计划相脱节、预算编制资料不充分、编制方法不专业等原因可能导致预算无法获得批准，影响学校年度工作计划的完成，或事业发展目标实现的风险。

（三）预算程序失控的风险。预算调整依据不充分，程序不合规，可能导致预算控制失效或产生舞弊行为的风险。

（四）预算管理不到位的风险。由于管理不到位，预算执行过程出现无预算、超预算开支，或者预算执行进度严重滞后等情形，可能造成资金浪费或闲置的风险。

（五）预算评价不客观的风险。未开展或实施规范的预算绩效评价工作，可能导致预算资金配置或使用效益低下的风险。

（六）决算信息不真实的风险。会计信息不真实、不完整、不准确、不及时，可能导致财务信息无法客观反映高校实际情况，从而导致决策失误的风险。

预算控制是内部控制极其重要的内容和方法，是高校会计控制的核心[①]。高校应建立健全预、决算管理体制和运行机制，明确各相关部门的职责权限、授权批准程序和工作协调机制，制订和完善预、决算管理各项规章制度。全面梳理和分析预决算管理各环节的风险，并采取合理手段进行有效控制。

① 乔春华，宋海荣.论高校预算控制在会计控制中的核心地位[J].会计之友，2015（14）：81—84.

第三节

高校预决算管理风险防范措施

一、健全岗位设置并明确岗位职责

（一）健全预、决算的议事决策机构。设立决算决策机构、执行机构和监督机构。财务部门负责预、决算的编制工作，审计部门负责预、决算的监督工作，职工代表大会对预算决策工作进行讨论，校长办公会和党委会对预、算决算进行决策。总会计师或分管财务工作的校领导应协助学校主要负责人开展预、决算管理工作。

（二）设立预算工作委员会。设立预算工作委员会，负责研究、制定预算政策，讨论年度财务预算安排原则和预算编制方案，协调解决预算编制、调整与执行过程中出现的问题，审查财务预算执行情况，开展预算绩效考核和预、决算结果分析评价，为学校财务预算工作提供科学的决策建议。

（三）设置预、决算管理岗位。在财务部门内设置预算管理、决算管理和预算考核岗位。以制度的形式明确预算岗位、决算岗位和考核岗位的职责权限，确保预算编制与预算审批、预算审批与预算执行、预算执行与预算考核、决算编制与审核、决算审核与审批等不相容岗位的分离，保证所有数据都有不同的人员复核。

（四）建立预算质询制度。由预算编制单位向预算委员会、预算领导小组等专门机构就预算编报理由进行解释和答辩。对预算执行结果和实际结果之间的重大差异进行解释和答辩，及时吸纳来自各方的意见和建议，增强预算编制的透明性。

二、认真编制预算

（一）在正确评价历年预算执行结果、合理预计当年收支规模的前提下，围绕学校事业发展规划、年度工作计划确定预算编制原则及方法，明确预算绩效目标，向校内各二级单位发布预算编制要求。

（二）按照上下结合、分级编制、逐级汇总、“两上两下”的程序，综合考虑结转和结余情况，按照上级主管部门要求，采用科学、合理的方法编制预算。

（三）财务部门应综合测算预算年度各项收入，对各单位预算建议数进行审核、汇总，通过充分论证和反复沟通实现收支平衡。对于基本建设工程、大型修缮工程、信息化项目和大宗物资采购等重大事项，应由归口管理部门组织相关人员对项目的必要性、方案的可行性以及金额的合理性等进行科学论证，必要时应组织相关专家进行论证。

（四）建立健全预算审批管理制度，明确预算审批权限；严格执行“三重一大”程序，逐级审批。学校预算履行审批决策程序并向全校员工进行公示后方可上报教育主管部门。

三、预算执行与调整

（一）预算批复后，财务部门应分解预算收入任务和支出指标并下达到各预算执行单位。下达任务或指标时应明确每一笔预算资金的经济责任人，确保事权与收入、支出责任相结合。

（二）认真做好预算执行工作，定期公布预算执行进度，督促各用款单位加快预算执行进度；加强对结转结余资金管理，制定政策盘活存量资金，建立预算统筹调剂机制。

（三）严格按照法律法规组织会计核算和开展会计监督。监督内容包括各预算执行单位是否依法依规组织收入，各类支出是否符合依据、标准、审批权限和使用要求，项目支出预算是否专款专用等。

（四）定期提供预算执行情况分析报告，提请预算委员会研究预算执行中存在的问题，并提出解决问题的建议方案，按规定程序提交预算决策机构研究审定。

（五）建立“先有预算，后有支出”的预算支出机制，保持预算的稳定性和严肃性。同时，高校应当建立健全校内预算调整申请与审批程序。对由于工作任务变动等客观因素导致确需增加、减少或取消预算的，应当严格按有关规定履行相应的预算调整审批程序。

四、如实编制决算

（一）建立决算编制审核制度，明确报表编制和资料提供的责任主体、审批权限和时间要求等，确保决算真实、完整、准确、及时，符合有关法律法规要求。

（二）在编制年度财务报告前，应当进行必要的固定资产盘查、债权债务核实、对外投资核对、费用清算、收入催缴等工作，确保财务信息真实完整，全面、如实反映学校年度财务状况和收支情况。

（三）加强对汇总报表资料来源单位的财务管理和监督，确保其会计资料和财务报表的真实性、准确性。

（四）加强决算数据分析和分析结果运用工作，科学设置财务分析指标，对学校财务状况、学校与校内各部门财务收支等进行横向与纵向比较，为学校决策提供依据。

（五）按规定编制决算报表附注和说明，做到内容完整、数据准确、分析到位。

（六）决算报告编制完成后，应按规定程序审批后报教育主管部门。经教育主管部门批复后的决算应及时整理归档，永久保存。

五、切实加强预算绩效管理

（一）加强预算绩效管理，建立“预算编制有目标、预算执行有监控、预算完成有评价、评价结果有反馈、反馈结果有应用”的全过程预算绩效管理机制。

（二）在预算编制时对项目支出和整体支出设置绩效目标。项目支出绩效目标由业务职能部门根据专项发展规划目标设定，整体支出绩效目标由学校根据发展规划目标和年度目标设定。绩效目标应能清晰反映预算资金的预期产出和效益。绩效指标应尽量进行定量表述，不能以量化形式表述的，可采用定性表述，但应具有可衡量性。

（三）预算执行结束后，应根据主管部门的要求对照确定的绩效目标开展绩效自评，形成相应的自评结果，作为学校预、决算的组成内容和以后年度预算申请、安排的重要基础。建立对预算绩效目标完成情况的考核机制，并将评价结果与年度考核挂钩，与以后年度预算分配挂钩。

六、预算监督

（一）高校应组织对年度预算收支执行情况进行审计，并将预算收支审计和绩效评价结果纳入校内各部门主要负责人年度考核和经济责任审计范畴。

（二）高校应通过教代会、校园网等多种渠道在校内公开预、决算信息，接受内部监督；应按照教育主管部门的规定主动公开预、决算报表及说明，接受社会监督。

表5-1 高校预算、决算管理可能存在的风险和需要采取的措施

可能存在的风险	需要采取的措施
预算编制不准确的风险	健全预算决策机构、工作机构和监督机构，结合发展需要和资金可能编制预算
预算编制不科学的风险	按照上下结合，分级编制，逐级汇总，“两上两下”的程序编制学校的综合预算
预算程序失控的风险	明确预算批复责任和预算追加调整的相关制度和审批程序，定期公布预算执行进度
预算管理不到位的风险	设定预算支出控制指标，定期分析并通报预算执行情况，强化审计评价结果的运用
预算评价不客观的风险	建立预算评价工作机制，完善预算评价的各项指标体系建设，完善评价专家库建设
决算信息不真实的风险	建立“先有预算，后有支出”的预算支出机制，定期组织清产核资，清理往来款项

第四节

高校预算审计需要注意的问题

一、预算管理审计

（一）预算管理审计的思路

1. 审计的目标：审查和评价预算的编制原则、编制程序、编制方法、预算调整、经济责任制等相关管理活动的合法性、适当性和有效性。

2. 需要获取的资料：预算政策、预算编制计划、专项经费管理办法、预算管

理办法和经济责任制等。

3. 需要关注的风险：预算程序失控的风险、预算管理依据不当的风险、预算管理职责不到位的风险等。

（二）预算管理审计的内容

1. 预算管理中的内部控制制度和各级经济责任制是否健全，是否有效。

2. 预算编制是否遵循“量入为出，收支平衡”的原则，收入预算是否贯彻积极稳妥的原则，支出预算是否贯彻统筹兼顾、保证重点、勤俭节约的原则；预算编制的方法是否符合上级主管部门及本校的规定。

3. 预算方案的编制是否真实、合法、有效；是否编制超越学校财力的赤字预算；预算是否按照规定程序审批；预算经费是否按规定时间足额下达。

4. 预算调整有无确需调整的原因及明确的调整项目、数额等措施的有关说明，预算调整是否编制追加和调整方案，并经法定程序审批后执行。

5. 预算下达后是否存在不经法定程序随意调整现象，预算支出有无随意增减项目或项目之间随意调剂使用情况。

二、收入预算执行审计

（一）收入预算执行审计的思路

1. 审计的目的：审查和评价收入预算执行的真实性、合法性和完整性。

2. 需要获取的资料：上级主管部门拨款控制数和预算批复数文件、有关部门的收费批文、学费收费通知和记录、学费收据存根联、预算外资金上缴的相关凭证、收入核算的相关会计资料等。

3. 需要关注的风险领域：收入项目不完整、学费收入依据不当、预算外收入上缴不完整和不及时、收入核算不正确等。

（二）收入预算执行审计的内容

1. 各项收入是否全部纳入预算，实行统一管理。

2. 各项收入是否真实、合法、完整，有无隐瞒、少列收入、推迟或提前确认收入行为；各项收入的款项是否及时足额到位。

3. 是否按预算目标积极组织收入，有上缴任务的单位或部门是否将应上缴的预算收入按规定及时上缴学校，有无截留、挪用预算收入或私设“小金库”行为。

4. 各项收入，包括财政补助收入、上级补助收入、事业收入、经营收入、附属单位上缴收入和其他收入，是否准确分类。

5. 收费的项目、标准和范围是否报经上级主管部门批准，有无擅自增加收费项目、扩大收费范围和提高收费标准等问题；是否贯彻“收支两条线”原则。

6. 收入的会计处理是否合规，有无利用应付及暂存、代管项目等过渡性会计科目挂账隐瞒收入或直接列收列支等问题。

7. 学校是否制定保证收入预算目标实现的控制措施和办法。

8. 分析收入预算的执行情况及其与收入预算之间的差异和原因。

三、支出预算执行审计

（一）支出预算执行审计的思路

1. 审计的目的：审查和评价支出预算执行的真实性、合法性和有效性。

2. 需要获取的相关资料：支出预算明细表、预算下拨文件、支出核算的相关会计资料等。

3. 需要关注的风险领域：支出项目不合法、支出项目不真实、支出标准不合规、专项经费未专款专用、支出核算不正确等。

（二）支出预算执行的审计内容

1. 支出预算是否严格按照预算确定的经费项目、支出标准和支出用途进行开支或拨付经费，是否严格执行国家有关财务制度以及上级主管部门和学校有关财务规章制度规定，是否存在擅自扩大支出范围和提高开支标准的行为。

2. 各项支出是否真实、合法，有无随意改变支出的确认标准或计价方法，多列、不列或少列支出；支出中有无虚列支出、以领代报、以购代支现象，有无挤占、挪用、损失浪费、滥发钱物、变相对外投资等行为。

3. 各项支出，包括事业支出、经营支出、自筹基本建设支出和对附属单位补助支出的分类是否准确、合规；是否正确划清各类支出的界限，支出是否真实并严格按预算执行，有无预算外或超预算等问题；是否按照标准考核、监督支出。

4. 专项资金是否按特定项目或用途专款专用，有无挤占或虚列行为。

5. 支出的会计核算是否合规、准确。有无利用应收及暂付、应付及暂存、代管项目等过渡性会计科目挂账隐瞒支出或直接列收列支等问题。

6. 支出预算中是否有保证预算目标实现的控制措施和办法。

7. 分析支出预算的执行情况与支出预算之间的差异和原因。

8. 分析与评价支出预算执行的效益和效果。

第五节

高校决算报表审计需要注意的问题

一、决算报表审计的思路

1. 审计的目的：审查和评价决算报表的真实性、合法性和完整性。

2. 需要获取的资料：年度预算及其编制与调整说明的批准文件，包括上级主管部门批准的年度预算通知和预算追加调整通知；年度财务决算报表及其编制说明和上级主管部门关于年度决算编报的通知；年度会计账簿、会计凭证及有关的重要经济合同协议、会议记录等资料；学校国有资产处置（包括固定资产与存货的报废、转作投资、无偿调拨、毁损、丢失和坏账处理等）的审批文件和相关资料；其他有关资料。

3. 需要关注的风险：报表存在不合法项目的风险、收入和支出中存在不真实项目的风险、支出标准不合规定的风险、专项经费未专款专用的风险、支出核算不正确的风险等。

二、决算报表审计的内容

1. 审查财务决算报表是否完整，并进行复核性检查。包括：财务决算报表是否齐全，符合上级主管部门的统一要求；每张报表内容填列是否完整、正确；项目填列是否齐全，表内对应项目之间数据钩稽关系是否正确，应当填写的“报表附注”是否填列；对应报表之间数据钩稽关系是否正确；是否有年度财务情况说明（文字部分）；是否按有关规定签名盖章。

2. 核对报表项目数据填列与对应的账户余额或发生额是否一致，检查表、账是否相符。按照报表所列项目，逐一与会计账簿进行核对。

3. 对报表项目内容的真实性进行检查验证，应用预算执行审计成果对收入、支出类项目进行分析性复核；检查各项资产的实有数与报表填列数是否一致；审查各项净资产的形成过程，分别进行验算。

4. 对会计核算情况进行检查，是否符合《会计法》和《高等学校会计制度》的规定；是否定期将会计账簿记录与实物、款项（货币资金、有价证券等）及有关报表、资料相互核对，账实、账账、账表是否相符；采用的会计处理方法是否前后期一致，有无随意变更；确有必要变更，是否将变更的原因及影响在年度决算报表情况说明中反映；学校财务管理与会计核算中的内部控制制度是否健全、有效。

5. 审查财务分析指标，包括经费自给率、预算收支完成率、人员支出与公用支出分别占事业支出的比率、资产负债率、生均支出增减率以及其他财务指标等是否真实、准确，能否恰当地反映学校的财务状况、收支结果和事业发展情况。

第六节

零基预算编制法的若干思考

一、零基预算的概念

零基预算是指在编制支出预算时，不考虑以往会计期间所发生的费用项目或费用数额，而是以所有的预算支出为零作为出发点，一切从实际需要出发，逐项审议预算期内各项费用的内容及其开支标准是否合理，在综合平衡的基础上安排费用预算的一种方法。零基预算应用到高校，年终结束后，即将各单位尚未使用的资金归零，下年度按照实际资金额重新安排经费。

二、零基预算的优点

（一）有利于增强员工的“投入—产出”意识。传统的“基数加增量”预算编制方法，容易导致费用支出逐年增加，预算调减非常困难。零基预算是以“零”为起点观察和分析所有业务活动，并且不考虑过去的支出水平，使得不合理的因素不能继续保留下去，通过“成本—效益”分析，使投入与产出意识得以增强。

（二）有利于合理分配资金。零基预算点在明确可分配资金总量的基础上，由预算编制人员对二级单位提出的预算项目及预算额度进行逐项分析，从而使有限的资金流向富有成效的项目，资金分配更加合理。

（三）有利于发挥基层单位参与预算编制的创造性。在零基预算的编制过程中，二级单位需要对预算项目及预算额度提出论证说明，多业务项目的轻重缓急容易达成共识，有助于调动基层单位参与预算编制的主动性、积极性和创造性。

（四）有利于提高预算管理水平。零基预算极大地增加了预算的透明度，预算支出中的人头经费和专项经费一目了然，各级之间争吵的现象可能会缓解，预算会更加切合实际，会更好地起到控制作用，整个预算的编制和执行也能逐步规范，预算管理水平会得以提高。

三、零基预算的缺点

尽管零基预算法和传统的“基数加增量”预算方法相比有许多创新，但在实际运用中仍存在一些“瓶颈”问题。主要表现为：

（一）由于一切工作从“零”做起，因此采用零基预算法编制工作量大、费用相对较高。同时，分层、排序和资金分配时，可能有主观影响，容易引起部门之间的矛盾。

（二）任何单位工作项目的“轻重缓急”都是相对的，过分强调项目，可能是有关人员只注重短期利益，忽视高校作为一个整体的长远利益，容易出现基层单位为了完成年度绩效突击花钱的不良行为。

（三）有些科研成果和教学成果是需要经过长期的积淀才会显露效益的，而零基预算的编制依据来自于绩效，而绩效往往带有时间限制，因此，零基预算极易导致一些长期发展项目得不到合理的资金支持，影响高校的长期健康发展。

预算管理是高校内部控制的重要环节[①]，因此，高校预算编制部门必须要有长远发展的眼光，要懂得扬长避短，积极发挥零基预算法在编制上的优点，通过开展绩效评价控制好零基预算法在资金使用上的负面影响，确保“少花钱、多办事、事办好”的愿望成为现实。

---

① 王春晖，曹越.内部控制视角下对高校经济合同管理的思考[J].会计之友，2016（19）：87—91.

6

第六章

高校收入管理内部控制研究

第一节

高校收入的概念及种类

一、高校收入的概念

高校的收入，是指高校为开展教学、科研及其他活动依法取得的各项非偿还性资金。

二、高校收入的种类

（一）财政补助收入。高校从同级财政部门取得的各类财政拨款，包括基本支出补助和项目支出补助。

（二）事业收入。高校开展专业业务活动及辅助活动所取得的收入，比如学校的学费收入和住宿费收入（财政专户返还部分）。

（三）上级补助收入。高校从主管部门和上级单位取得的非财政补助收入。

（四）附属单位上缴收入。高校附属独立核算单位按照有关规定上缴的收入。如附属医院上缴的管理费。

（五）经营收入。高校在教学科研活动及其辅助活动之外开展非独立核算经营活动取得的收入。如高校自己经营管理非独立核算的饭堂取得的收入，自己经营管理非独立核算的招待所取得的收入。

（六）其他收入。高校除财政补助收入、事业收入、上级补助收入、附属单位上缴收入、经营收入以外的各项收入，包括投资收益、银行存款利息收入、租金收入、捐赠收入、现金盘盈收入、存货盘盈收入、收回已核销应收及预付款项、无法偿付的应付及预收款项等。

第二节

高校收入管理的风险

（一）收入业务未归口财务部门统一收取及集中核算，相关收入合同未及时提交财务部门，票据、印章管理制度不严，可能导致高校收入应收未收、收入金额不实或者存在私设“小金库”的情形。

（二）违反规定擅自增设收费项目、提高收费标准或扩大收费对象范围，导致发生违规收费收入。

（三）未按规定及时上缴各类非税收入，可能导致违规截留、挤占、挪用各类非税收入。

（四）收入核算不规范，收入长期挂账，未及时、准确地确认为收入，导致学校收入不完整、不真实。

（五）收入业务相关岗位设置不合理，不相容岗位未实现相互分离，可能导致发生错误或产生舞弊。

第三节

高校收入管理内部控制的措施

一、设置专门岗位并明确岗位职责

（一）建立健全与收入相关的管理机制和监督检查制度，确定收入归口管理部门和收入执行主体，明确各自职责、分工和权限。

（二）高校财务部门作为收入归口管理部门，负责收费项目立项与标准核定、收入确认、收入核算与结算分配、收款和票据管理等工作。高校其他业务部门作为收入执行主体，负责根据财务部门批准的收费项目与标准收费，及时向财务部门递交相关收入业务合同，按时完成各项收入预算等。

（三）高校的收款与收费审查、收入核算、结算分配等岗位，收费审查和监督与收入核算、结算分配等岗位，票据管理与收入核算、结算分配等岗位为不相容岗位，应分别设置并相互分离，以形成相互制衡的机制。

二、健全收入管理制度

（一）高校各项收入的取得应符合国家有关法律、法规和政策规定。具体的收入项目、范围与标准，应根据政府部门的文件、项目立项任务书、经济合同等确定。

（二）高校的各项收入都要纳入学校预算管理，收入款项必须全额进入学校规定的银行账户，实行统一管理，统一核算，做到全面、真实、准确。

（三）高校应当加强各类非税收入管理。严格按照规定的收费项目和标准收费，按照规定开具财政票据。所收取的各类非税收入，应当及时、足额上缴国库或财政专户，做到收缴分离、票款一致，不得以任何形式截留、挪用或者私分。

（四）高校各业务部门应当严格按照合同管理要求签订合同，并在签订涉及收入的合同协议后，及时将合同等有关材料提交财务部门作为取得收入及账务处理依据，确保各项收入应收尽收、及时入账。财务部门应当定期检查收入金额是否与合同约定相符；对应收未收项目应查明情况，明确责任主体，落实催收责任。

（五）高校应当建立健全收入退付管理制度。将收取的款项退回交款单位或个人时，应当严格执行相应的审批程序。

（六）高校不得“以收抵支”，严禁设立账外账，严禁以个人名义取得学校收入。

三、严肃收入票据管理

（一）建立健全收入票据管理制度。明确规定财政票据、税务发票等各类收入票据的使用范围，及其申领、启用、保管、核销、销毁应履行的手续。

（二）不得违反规定转让、出借、代开、买卖财政票据、税务发票等收入票据，不得擅自扩大票据使用范围，不得开具虚假票据。不得超范围出具票据或重复开具票据。

（三）建立健全收入票据管理制度，明确规定收入票据保管、登记、使用和检查的责任。对收入票据实行专人、专账、专柜管理。票据专管人员应配置单独的保险柜等保管设备，并做到人走柜锁，建立票据台账，做好票据的保管和序时登记工作。

第四节

高校收入管理内部控制失效的案例分析

案例一：租金收不回来谁之错？

某校不再统一订购教材，由学生自行向教材供应商购买教材之后，为方便教材存储和发放，教材供应商中标后向学校租用场地存放教材和日常办公，约定一年交纳管理费10万元，场地租金10万元。该校房屋归属后勤基建处管理，教材归属教务处协调，由于后勤和教务两个部门都以为对方已经收取了租金和管理费，结果导致教材供应商长达三年没有向学校上缴租金和管理费，最终导致学校损失60多万元的收入。

一、原因分析

管理职责不清，部门之间缺少沟通交流，长期没有对账，合同管理混乱。

二、应该吸取的教训

（一）本例应由教务部门和后勤基建部门同教材供应商分别订立管理合同和房屋租赁合同，两个合同单位都要主动承担起合同履行和合同监督的职责。

（二）合同订立后，都要复印一份交由学校财务部门存档，财务部门建立收入台账，对可能发生的收入进行跟踪管理。

（三）审计部门在每年的财务收支审计时， 应该要求财务部门提交自查报告，对学校的收入情况进行抽查。

案例二：合作办学分成收入只能通过租金抵顶，真无奈？

某大学与某中专学校合作办学，约定由大学组织招生，中专学校组织教学，大学发放毕业证。中专学校向学生收取学费后向大学支付33%的合作办学分成。中专学校以经费紧张为由连续三年拖欠大学分成，拖欠学费分成总额将近100万元。

无奈之下，大学接受通过租金抵顶合作办学分成的办法，即由中专学校将市区一处教学点的房屋租给大学，以租金抵顶合作办学分成。

一、原因分析

大学办学收入未能及时收回，既有中专学校经费困难的原因，也有大学收入管理不到位的原因：首先，合作办学单位（继续教育学院）未尽合同经办单位的主体责任；其次，财务部门未尽学费催缴责任；再次，学校的审计监察部门对合同执行缺乏监督力度。

二、应该吸取的教训

（一）合作办学单位是合同的主办单位，既要承担教学管理指导，又要承担学费催缴责任。那种只管教学，不管学费收缴工作的做法是不负责的做法，认为学费催缴只是财务部门的事情，与自己无关的想法是错误的。

（二）财务部门应该根据招生人数建立各合作办学点的学费收入台账，将每年的实际收入数同应收数进行对比，分析差异原因，做好收入的跟踪催缴工作。

案例三：全国高校一年总收入9364亿元，财政拨款和学杂费占大头，大学的创收何等艰难?

2015年，全国高校一年总收入为9364亿元人民币，其中，财政拨款占62.4%，学杂费占32.2%，其他4.9%，来自社会捐助的额度只占0.5%。美国2013年至2014年公立大学总收入2972亿美元，其中财政拨款只占38%，学杂费占20.6%，其他收入30.4%，来自社会捐助的额度占11%。中美高校来自社会捐助的差距较大。2015年美国高校来自社会捐助400亿美元，而国内高校社会捐助总量只有48亿元人民币。

这个案例说明，我国高等教育资金来源比较单一，高校对财政拨款依赖性特别强。今后， 随着社会经济的进一步发展，高校应该加强基金会队伍建设，拓宽资金来源渠道，增强高校自我造血功能。国外高校校长的主要职责是向社会募集资金，高校基金会配备足额的工作人员。有人调查过，哈佛大学基金会有200多人，而中国高校平均只有6人。国外高校重视社会捐助工作的做法值得国内高校学习。

表6-1　高校收入管理可能存在的风险及需要采取的措施

可能存在的风险	需要采取的措施
监管不到位的风险：出现“小金库”	统一由财务部门归口管理和核算学校的各项收入，定期清理收入项目
收费不规范的风险：出现“乱收费”	财务部门掌握各部门的收费项目并统一办理项目年检，开展收入审计
上缴不及时的风险：出现“截留挪用”	财务部门严格执行“收支两条线”的管理规定，限期上缴非税收入
核算不规范的风险：导致收入长期挂账	部门间建立起收入分析和定期对账制度，根据收入来源确定会计科目
职责不明晰的风险：导致错误、舞弊	健全票据和印章管理制度，坚持“不相容职务”相互分离管理

第七章

7

高校支出管理内部控制研究

第一节

高校支出的概念及种类

一、高校支出的概念

这里所指的支出，是指高等院校开展教学、科研及其他活动发生的资金耗费和损失。

二、高校支出的种类

（一）按支出功能分类，高校支出一般包括：

1. 教育支出。高等院校用在教育教学管理和开展教育教学业务方面的支出。如高校使用同级财政部门拨款进行的日常活动所发生的支出。

2. 科学技术支出。高等院校用在科学技术管理、研究和服务方面的支出。如高校接受国家自然基金、社科基金委托进行科学研究发生的支出。

3. 文化体育与传媒支出。指高等院校用在文化体育和传媒方面的支出。如中国传媒大学发生的支出。

4. 社会保障和就业支出。高等院校用于社会保险基金补助、就业补助和离退休方面的支出。如人力资源类高校接受开展社会保障方面研究发生的支出。

5. 医疗卫生与计划生育支出。高等院校用于医疗卫生和计划生育方面的支出。如医学院校接受医疗卫生与计划生育部门委托而发生的支出。

6. 节能环保支出。高等院校用于环境保护管理事务、环境监测与监察、污染治理、能源节约利用、污染减排、可再生能源和资源综合利用等方面的支出。如环保类院校接受环保部门委托发生的支出。

7. 资源勘探信息支出。高校为取得国土资源勘探方面的信息而发生的支出。如石油大学接受委托而开展地质勘查发生的支出。

8. 国土海洋气象支出。高校为取得国土海洋和气象方面的信息而发生的支出。如海洋大学接受国土资源、海洋、测绘、地震、气象等部门委托开展系列研究而发生的支出。

9. 住房保障支出。高等院校发生的住房公积金、提租补贴、购房补贴方面的支出。

教育支出、科学技术支出和住房保障支出三项支出是所有高校都会发生的支出。

（二）按支出经济分类，高校支出一般包括：

1. 工资福利支出。高等院校在职人员的工资、津贴、奖金、加班费、各类社会保险。

2. 商品和服务支出。高等院校日常的办公费、印刷费、咨询费、手续费、水费、电费、邮电费、取暖费、物业管理费、交通费、差旅费、出国费、维修（护）费、租赁费、会议费、培训费、招待费、专用材料费、装备购置费、工程建设费、专用燃料费、劳务费、委托业务费、工会经费、其他商品和服务支出。

3. 对个人和家庭的补助支出。高等院校离退休人员的离退休费、困难职工生活补助费、抚恤金、学校的奖学金、对职工个人工作奖励、独生子女保健费等。

4. 债务利息支出。高等院校向国家银行、其他国内银行、国外政府和国际组织借款所支付利息的支出。

5. 基本建设支出。高等院校通过发展改革部门立项，由同级财政部门专项拨款资金安排的房屋建筑物购建、办公设备购置、专用设备购置、交通工具购置、基础设施建设、大型修缮、信息网络购建、物资储备及其他基本建设支出。

6. 其他资本性支出。高等院校使用同级财政部门拨款安排的房屋建筑物购建、办公设备购置、专用设备购置、交通工具购置、基础设施建设、大型修缮、信息网络购建、物资储备及其他资本性支出。

（三）按会计科目分类，高校的支出包括：

1. 教育事业支出。核算高校开展教育事业活动发生的各项支出，包括专项支出和非专项支出。

2. 科研事业支出。核算高校为完成所承担的科研任务，以及所属科研机构所发生的费用开支，包括专项支出和非专项支出。

3. 经营支出。核算高校在教学、科研及辅助活动之外，开展非独立核算经营活动发生的支出。

4. 上缴上级支出。核算高校按规定上缴上级单位的支出。

5. 对附属单位补助。核算高校用财政补助收入之外的资金补助附属单位所发生的支出，包括对附属单位的专项补助和非专项补助。

6. 结转自筹基建。核算高校用财政补助收入以外的资金安排基本建设的支出。

第二节

高校支出管理应当重点关注的风险

（一）支出申请不符合预算管理要求，支出范围及开支标准不符合相关规定，基本支出与项目支出之间相互挤占，可能导致单位预算失控或者经费控制目标难以实现的风险。

（二）支出未经适当的审核、审批，重大支出未经单位领导班子集体研究决定，可能导致错误或舞弊的风险。

（三）支出不符合国库集中支付、政府采购、公务卡结算等国家有关政策规定，可能导致支出业务违法违规的风险。

（四）采用虚假或不符合要求的票据报销，可能导致使用虚假发票套取资金，私设"小金库"等支出业务违法违规的风险。

（五）应收或预付款长期挂账未清理，可能导致支出不真实、不完整。

（六）对各项支出缺乏定期的分析与监控，对重大问题缺乏应对措施，可能导致单位支出失控的风险。

第三节

高校支出管理控制的措施

一、加强支出岗位控制

（一）实行程序岗位复核把关制度。在财务部门中设置审核、复核和出纳等岗位，必要时还可设置专门的会计稽核岗位。用制度的形式明确每个岗位的工作职责，保证每笔财务报账都经过审核、复核和出纳三个岗位的层层核对、层层把关。

（二）实行不相容职务分离管理。明确支出申请和内部审批、付款审批和付款执行、业务经办和会计审核、会计审核和会计复核、会计复核和会计稽核等为不相容岗位，实行分离管理，相互牵制，降低职务舞弊风险。

二、加强支出标准控制

（一）用制度的形式明确各项支出事项的开支范围，对支出事项的外部标准和内部标准进行明细界定。外部标准是指国家或者地方性法规制度规定的标准，如人员工资标准、差旅费报销标准，已有国家相关规定，高校必须遵照执行。内部标准是在国家不设立统一标准的情况下，由单位在国家或主管部门最高限额范围之内设立的标准。

（二）对于国家不设立统一标准的项目，高校必须在国家有关法律法规允许的范围内根据单位实际情况制定开支标准，保证有规可依，避免管理混乱。如接待费标准、食堂用餐标准等。

三、加强事前申请控制

（一）规定单位在发生相关支出前应当履行支出事前申请程序，经审核通过后才能开展相关业务。

（二）对于金额大、专业要求高的支出业务应当经过立项和论证环节。立项和论证通过后才能开展相关业务。

四、加强支出审批控制

（一）建立健全各级单位支出的内部审批权限、程序、责任和相关控制措施。重大财务决策、重要项目资金安排和大额资金的使用，必须实施集体决策。

（二）各级审批人应当在授权范围内审批，不得越权审批。根据需要可在财务负责人签字批准前设立业务负责人审签制度。在项目负责人为业务负责人或经办人时，实行复签制度。

（三）设立大额资金分级审批制度，根据支付金额大小分别由各级财务人员、总会计师（分管财务工作校领导）、校长审批确认。

五、加强支出审核控制

（一）全面审核。所有支出业务都要接受会计审核。一要审核支出事项是否纳入预算，是否与预算相符，是否超出开支范围或开支标准等，是否按规定履行审批程序等。二要审核单据来源是否合法，内容是否真实、完整，使用是否准确，签章是否齐全、完整，是否能够如实反映经济活动，是否存在使用虚假票据套取资金等情形。

（二）重点审核。财务部门对超出规定标准的支出事项要进行重点审查，确因业务开展需要必须发生的，应由经办人员书面说明原因并按规定办理审批手续，确保与经济业务事项相符。如有虚假行为，应查明原因，根据情节轻重及时报告处理。

六、加强支付流程控制

（一）完善付款流程，明确付款审核人的责任和权力，加强付款的管理。

（二）支付款项时应核实使用资金的类型，正确选用支付方式并规范使用。应当严格按规定范围使用现金结算，严格执行公务卡结算制度和国库集中支付制度。

（三）财务部门应当根据支出凭证及时准确登记账簿，涉及合同或者内部审签的，财务部门应当要求业务部门提供与支出业务相关的合同或内部审签作为账务处理的依据。

（四）重视工程、设备采购付款的过程控制和跟踪管理，发现异常情况的，应当拒绝付款，避免出现资金损失。

七、加强支出分析控制

（一）单位应当定期编制支出业务预算执行情况分析报告，为单位领导管理决策提供信息支持。对于支出业务中发现的异常情况，应及时采取有效措施。

（二）定期或不定期地清理各项往来款项，按照会计制度将支出事项准确、及时地进行确认和计量。

（三）每月终，会计审核、复核、出纳和会计稽核人员对各自的岗位工作进行一次自我检查，会计复核和稽核人员对本月支出业务进行一次分析性复核，对库存现金和银行存款进行盘查核对。

（四）妥善保管支出业务相关合同或协议、付款凭证等票据，及时整理装订成册归档。

高校支出管理应重点关注的风险以及需要采取的相应措施见表7-1。

表7-1 高校支出管理可能存在的风险及需要采取的措施

可能存在的风险	需要采取的措施
预算控制不精准的风险	明确各项支出事项的开支范围和开支标准，以预算额度控制支出
支出审批不严格的风险	明确各项支出的审批权限、审批程序以及审批责任，按规定审批
结算方式不合规的风险	按照国库集中支付、政府采购及公务卡的使用范围办理结算
报账票据不合法的风险	详细审核各种报销票据的来源渠道、内容以及审批手续
内部监控不到位的风险	定期开展会计稽核，加强内部审计监督，加大审计结果运用

第四节

高校支出管理内部控制的案例分析

案例一：重复付款，经办会计有苦难言

（一）情况

A学校在异地建设新校区的过程中，会计人员在镇区租用的一个窄小的办公室里办公，根据出纳提供的凭据登记会计账簿。由于没有现场接触的机会，会计人员对校区楼房建设进度以及每个施工队负责的工程项目无从得知。有一个绿化工程项目，合同签订后学校如约预付施工单位30万元的备料款。过了一段时间后，施工单位向学校提交了一张面额30万元的工程发票，建设单位工程管理人员办理齐报账手续之后，将发票交到财会人员的手上，由于是抢抓工程进度时期，不明就里的出纳人员又再次主动从银行给施工单位汇去了30万元，事后入账时发现这

个问题，会计人员惊吓得直冒大汗，连续一段时间都忐忑不安，长夜难眠！一直到追回重复支付款项后才恢复正常生活。

这所高校，还出现过重复支出教材款；职工借款办事，事后报账时前台会计人员不明就里又如数支付了现金，报账人员借款没还，报账款如数照领；更有个别居心叵测的人员利用两个校区账务不联网的情况，从一个校区借款，然后到另一个校区报账，有意避开报账时财务清偿借款。

（二）启示

这一系列事件说明，单位职工风险防范意识淡薄，财务内部控制不到位，让报账人员有钻空子的机会。

1. 多校区高校财务一定要联网管理，实施财务内部控制离不开先进稳定的网络信息技术，方便职工报账不能建立在财务管理监督盲区之中。

2. 出纳人员一定要根据会计人员审核无误的凭证办理银行转账，出纳人员的职责不仅仅是根据会计人员审核无误的凭据办理收付款，还要对报账凭据进行再次审核，包括审核收款单位名称、开户银行和银行账号的准确性、报账手续的完整性、经济业务的合法性、支付金额的正确性。财务工作要形成下一环节人员对上一环节人员工作的再次复核检查机制。

3. 要形成业务经办部门和经办人员是报账还款的第一责任人的风险防控机制，报账人在办理报账时一定要对前期借款工作进行主动清理，财务部门应当定期清理各项应收应付款，对于超过规定期限的各项借款，财务人员应当发出催还通知，对于没有正当理由逾期不还者，应当从工资里逐步扣还借款，严肃财经纪律。

4. 财务队伍必须坚持审批、审核、复核、付款的程序，不可因为人手紧张而省略复核岗位，更不可仅仅为了完成凭证手续而采取批量复核功能，致使复核工作形同虚设。复核人员必须逐笔对审核人员出具的会计分录的正确性（科目正确、方向正确、金额正确）、原始凭证的合法性、报账手续的完备性进行复核。

5. 财务人员不能整天埋头报账，还要对学校的经济业务进行跟踪了解，特别是基建工程项目，既要掌握工程总预算又要了解清楚实际工程进度，每支付一笔工程进度款时都清楚其前因后果，力避多付或重复支付工程款情况发生。

总之，建立健全支出管理制度，明确各项支出的开支范围和开支标准；合理设置相关岗位，明确支出审批权限；规范和加强支出管理，确保支出内容真实合规，票据来源合法、使用正确，严格执行国库集中支付制度和政府采购制度等有关规定；防止并及时发现、纠正错误及舞弊行为是支付控制环节必须注意的问题，是财务部门必须落实的工作。

案例二：只有定期清理往来款项，年度支出才有真实可言！

往来款项，每个单位都会存在，如果能够定期清理，就会逐年减少，如果长期不清，必然会越积越多。

（一）情况

有一所高校，单单是长期挂在“应收账款”科目的教材订购款就有100多笔，会计人员无法进行明细反映，只好在一个二级科目“教材订购”进行反映，正因为这种简单粗糙式管理助长了往来款的年年增长。

2010年至2012年，财务部门进行一次拉网式全面清理，结果清理回沉睡多年的应收款2000多万元，应收款补办手续后转为支出300万元，销除未能及时报账的各项应付款150万元。

（二）启示

高校里的往来款为什么会有那么多，为什么会有那么长时间没有人清理？这么多问题，颇令人深思。

一是不负责任使然。有人说过，一座房子，70%的面积是无用的；一部手机，70%的功能是多余的；一个单位，70%的人员是得过且过的。也就是说，单位里只有30%的人是尽心尽力在做事，这样的境况，旧账长期无人过问、无人清理不足为奇。

二是管理不完善。事业单位早期的会计报表是月报表，而且会计报表中必须附上应收应付明细资料，早期的明细表还得用复写纸抄写。由于提供的资料详细而且月月手抄更新，财务人员自然就会清楚还有哪些往来款项需要清理。近年，大学主管部门只要求大学上交年终结算报表，平时不需要上交月报表和季度报表，年终报表也不要求提交往来明细资料，往来明细由电脑自动生成，无需手工抄写，高校财务人员没有清理往来明细的外在压力。加上单位内部负责人又没有详细了解往来的动因，所以财务人员也就没有自动清理往来款项的主观意愿。

三是信息不通畅。虽然在众多的报账人员中有人存在侥幸心理，确实存在虚报冒领者，但绝大多数职工都知道会计工作是要求有凭有据的，都知道会计凭证需要保存30年。正因如此，绝大多数人都会坚持“明明白白做事，清清楚楚做人”的原则。至于偶尔会发生有借不还的情况，那是纯属无意或以为已经归还了。所以，信息不通畅，是债务人还债的主动性不强的主要原因。

由此可见，对往来款项的管理，应该坚持做到：

对往来款项的管理工作应该“双管齐下”，即借款人有限期还款的责任，财务人员有定期催还的责任。

对往来款的管理应该做到人机对话。财务部门应该利用财务软件，给每位职工都开通财务查询的权限。每位职工都能查看到自己的报账明细和往来明细，增强按时还款的自觉性。

对往来款的清理工作应该长抓不懈。一是每月都要通过财务软件打印往来明细表，指定专人负责管理往来明细清理工作。明确管理责任，加强同会计前台同志的沟通协调，确保每项往来款项都明确清晰，跟踪到位。

日常工作中，往来款的清理之所以会出现很多困难，除了客观因素之外，很多情况是工作人员缺少“认真”的工作态度，只要有人认真抓，大胆管，相信很多困难都会“迎刃而解”。

只有坚持做到年终往来款项余额为“零”，单位财务报表的支出数据才有真实可言！

第八章

8

高校物资采购内部控制研究

第一节

高校物资采购的概念及采购方式

一、高校物资采购的概念

高校的物资采购包括设备采购、图书采购、药品采购等大宗物资采购，但不包括对建设工程等服务的采购。

二、采购方式

（一）公开招标。由采购人或其委托的采购代理机构以招标公告的方式邀请不特定的供应商参加投标竞争，从中择优选择中标供应商。

（二）邀请招标。由采购人或其委托的采购代理机构以投标邀请书的方式邀请三家或三家以上特定的供应商参与投标，从中择优选择中标供应商。

（三）竞争性谈判。谈判小组与符合资格条件的供应商就采购货物、服务事宜进行谈判，供应商按照谈判文件的要求提交相应文件和最后报价，采购人从谈判小组提出的成交候选人中确定成交供应商。

（四）单一来源。采购人从某一特定供应商处采购货物、服务。

（五）询价。由询价小组向符合资格条件的供应商发出采购货物询价通知书，要求供应商一次报出不得更改的价格，采购人从询价小组提出的成交候选人中确定成交供应商。

为规范和加强高校建设工程管理，高校建设工程服务采购执行建设工程招投标管理办法，另章讨论。

第二节

高校物资采购的风险

高校物资采购可能存在的风险包括：

（一）计划不周的风险。无计划或超计划采购物资，影响教学科研工作或造成资源浪费。

（二）选择不当的风险。供应商选择不当，采购方式不合理，可能导致发生遭受供应商欺诈行为或产生舞弊行为。

（三）定价不当的风险。招投标或定价机制不科学，采购价格设置不合理，可能导致没有供应商愿意供货或出现舞弊行为。

（四）授权不当的风险。授权审批不规范，采购过程出现监管盲区，可能造成采购混乱或出现腐败现象。

（五）把关不严的风险。验收机制不健全，付款审核不细致，可能导致采购物资缺失、重复付采购款或因未按合同约定付款而导致学校信用受损。

第三节

高校物资采购环境控制建设应当采用的措施

环境是人们长期形成的价值认同、文化认同、制度认同，环境控制对物资采购的影响是无形的但又是无限的，高校应当注重环境控制建设。对于环境控制，主要从如下方面进行：

（一）健全制度。建立物资采购管理制度，并随着情况变化及时进行修订更新。

（二）明确职责。明确物资采购管理部门的职责，合理划分物资采购部门与学校其他部门之间的职责。

（三）合理设岗。合理设置物资采购的内部岗位，并明确关键岗位的人员分工和岗位职责。

（四）制定流程。物资采购主管部门应对各种物资采购活动制定完整的业务流程并公布在物资采购部门的网页上，供校内其他部门员工浏览阅读，同时还要制作部门内部宣传栏，上榜上墙，为部门员工所熟知。

（五）定期考核。制定从业人员的职业道德规范，定期组织员工培训，提高其道德素质和专业能力，制定明确的奖罚制度和系统的考核标准，定期对员工进行综合考核并按考核结果进行相应奖罚。

第四节

高校加强物资采购管理应当采用的措施

物资采购是高校的高风险活动，采购部门的人员要心存敬畏，坚守道德底线，加强物资采购的风险管理。具体防控措施如下：

（一）明确风险管理目标。物资采购风险管理的目标是：采购计划合理，供应商选择正确，采购成本适宜，物资质量优良，合同审核细致，物资供应正常，货款支付及时，维修保养保证。

（二）建立风险管理机制。物资采购要建立物资采购管理风险的评估机制，懂得识别物资采购管理风险，自觉对物资采购管理风险进行评估；学校层面要建立物资采购管理风险的控制机制（包括风险管理的预警机制、监控机制、应急措施等）。

（三）加强采购流程监控。加强对物资采购流程的监控，如：审核供应商资质，评估供应商信誉、资质和财务状况，对供应商产品进行质量检验，考核采购人员品德、知识、能力等综合素质，查对验收单的价格和数量是否与采购单一致，付款手续是否健全；设立备选供货商团队。

第五节

高校物资采购控制活动应当采用的措施

一、把好物资采购的计划关

（一）按需计划。按使用需求编制采购计划，明确采购申请所要求的技术指标，要有确切的采购经费预算安排；设有物资仓库的高校，采购申请表要有物资库管人员的审核签字；采购计划所列的物资数量要经过使用部门和物资采购归口管理部门进行调查论证，附有相关的调查论证报告。

（二）对口论证。各部门负责人要按职责分工和授权范围对提交的采购申请进行分类初审，对口把好审核关；对不符合规定的采购申请，要求请购部门或人员调整采购内容或拒绝批准其采购申请；遇有紧急采购情况，要在规定日期内补办相关手续。

（三）专家论证。建立物资采购论证专家库，对于重要的和技术性较强的物资采购，必须组织专家进行论证，实行集体决策和审批；大型仪器设备采购计划中所要求的配套设施要整体考虑，保证符合设备需要并已准备到位。

二、把好物资采购价格的申报关

（一）搞好市场调查。使用部门对需要采购物品进行市场调查，提出物资型号和初步价格设置建议，按照规定程序进行价格申报，物资采购执行部门对使用部门提出的申请进行审核，按照“质量保证、价格适宜”的原则确定申报价格。

（二）搞好监督会签。高校内部审计部门对物资采购的“价格申报单”的完整性、价格标准确定的合理性、申报价格核定程序的规范性进行审核，既要力避随意压价而降低物资质量要求的情况，又要力避只讲质量而虚高价格的现象。

三、把好物资采购合同的管理关

（一）对方必须具有签约能力。经办部门要取得供货商完整的档案资料，对其经营资质、工商登记和税务登记情况进行了解和审查，确认供货商的信誉和履约能力，保证同具有签约资格的供货商签约。

（二）谈判人员胜任谈判要求。参与业务谈判的代表的业务能力和技术水平胜任谈判要求，谈判小组人数不少于两人，保证合同标的、数量、质量、履约责任和违约责任的约定清晰，没有陷阱。

（三）认真负责履行合同约定。全面、严格履行合同内容，如有违约行为，能够及时组织索赔并及时追究相关人员的责任。

（四）确保合同归档规范完整。物资采购部门指定专人负责合同管理工作，完整归档和保管合同，采购合同正本、合同补充协议、技术协议、采购订单、合同评审表及其他合同附件保存完整，对于重大合同要定期移交学校综合档案室保管。

四、把好物资采购的执行关

（一）按计划组织采购。物资采购部门无权自行增加或减少采购数量，严格按照采购计划进行采购。

（二）按规定进行采购。物资采购部门要按照采购申请单确定的采购方式和经过招标确定的供货商进行采购；对设备、图书等大宗物资的采购，要按规定实行政府采购或公开招标采购。

（三）按时验收入库。重大或技术功能强大的设备采购，参与验收的人员应该包括采购部门、资产管理部门、使用部门、监督部门等有关人员和一定数量的专家。制定适当措施，防止采购人员、质检人员与保管人员串通舞弊；防止验收不严造成以次充好等现象。

（四）按实申请付款。审查发票、货运单、验收单等原始资料上载明的价格是否与价格申报单、采购计划、采购合同一致，价格的变动是否经过核准；运费是否符合确定的价格标准；在确认物资采购申请单、验收单、供货商发票等核对无误的基础上提出付款申请单。

（五）按实支付货款。会计人员对采购部门送来的付款申请及其所附的所有单据资料做进一步审核，经过审批后按确定的付款方式办理货款支付，货款要直接划到供货商指定的银行账户（付款账户要同合同指定的银行账户相符）；财会人员付款时必须清楚应付金额和确切的收款人，不使用空白支票；对于本次尚未足额支付货款的采购业务，要将发票金额和已付金额的差额记入“应付账款”科目；如有现金折扣的情况时，应如实入账，回扣收入纳入学校统一核算与管理。

第六节

高校加强物资采购的信息与沟通的措施

（一）公开流程。学校要建立物资采购、市场调查、招标管理、合同签订、立项论证、验收入库、货款支付和审计监督等制度和流程，各项制度流程都在校园网公布，为人们所熟悉。按规定组织招标采购，招标采购的过程公开、公平、公正。

（二）集体决策。物资采购预算公开透明，学校重大物资采购都经过论证立项程序，建立供应商评价小组，小组人员组成合理，经集体决策选择供货商名单；定期对供货商的资质和社会信誉进行调查和复核，掌握供货商动态资讯。重大物资采购经过校长办公会或党委会集体讨论，重大决策都形成会议记录，会议记录完整并及时传递到相关部门。

（三）建立信息平台。建立物资管理信息平台，财务部门、招标采购部门、仓库保管部门、资产管理部门和审计监督部门都能够借助信息平台了解到物资采购招标公示情况、供应商中标情况、物资采购进度情况。建立通畅的例外情况报告渠道，保持畅通的员工反馈和供货商投诉渠道，员工在信息畅通的环境下履行职责。

（四）建立会签制度。物资采购合同的签订要经过经办部门、招标管理部门、物资采购部门、财务审计部门和法律顾问共同签署意见，根据部门职能对合同的内容要约进行把关。

第七节

高校加强物资采购审计监督的措施

（一）建立健全审计制度。高校要制定物资采购审计办法，明确物资采购审计的主要内容、主要方法和主要要求，做到物资采购审计工作有章可循，有据可依。

（二）保证审计监督到位。学校的内部审计部门可以根据学校实际情况对物资采购进行项目管理式审计或过程参与式审计。审计部门可以安排审计人员参与物资招标文件公告的审阅以及评标现场见证，保证监督到位。学校内部审计部门要对物资采购数量、采购价格以及采购方式选择的合理性、采购程序的合规性、验收入库的完整性、物资使用的有效性进行事前、事中、事后以及后续审计。

（三）保证审计监督有效。学校内部审计人员应该系统了解物资采购管理机构及相关部门职责、岗位职责及其工作手册；各类物资采购管理法律法规及相关制度文件；物资采购申请表、物资采购招标文件、大型设备采购论证文件；物资采购合同等相关资料。通过对学校物资采购活动的关键控制点及控制措施进行测试，对物资采购内部控制设计的健全性和有效性做出评价，指出内部控制薄弱环节及风险因素并提出改进措施。

表8-1　高校物资采购应当重点关注的风险以及需要采取的相应措施

可能存在的风险	需要采取的措施
计划不周的风险：浪费资金、影响工作	坚持“先预算，后计划，再采购”的原则，坚持对口论证和专家论证
招标不规范的风险：诉讼、舞弊、价高质低	成立招标采购领导小组和招标机构，明晰职责，规范管理招标采购工作
验收不规范的风险：单位信誉和资金受损	合理组织验收小组，对照招投标文件和合同条款办理验收，做好验收记录
把关不严格的风险：单位资金遭受损失	不相容职务分离，建立会签制度，对照合同约定和验收记录审核付款凭证
档案保管不善的风险：采购无效或责任不清	建立信息平台，专人保管各项采购预算批复文件、招投标文件和评标文件

高校应该建立采购业务管理机构和岗位，专门部门或专人负责政府采购招标管理工作。

第八节

高校物资采购案例分析

物资采购控制管理是高校的一项重要管理工作，需要完善采购过程各个环节流程，学校各部门按照流程做好采购控制管理。下面是某校招标项目流程，可供参考：

表8-2　某校大学招标项目流程

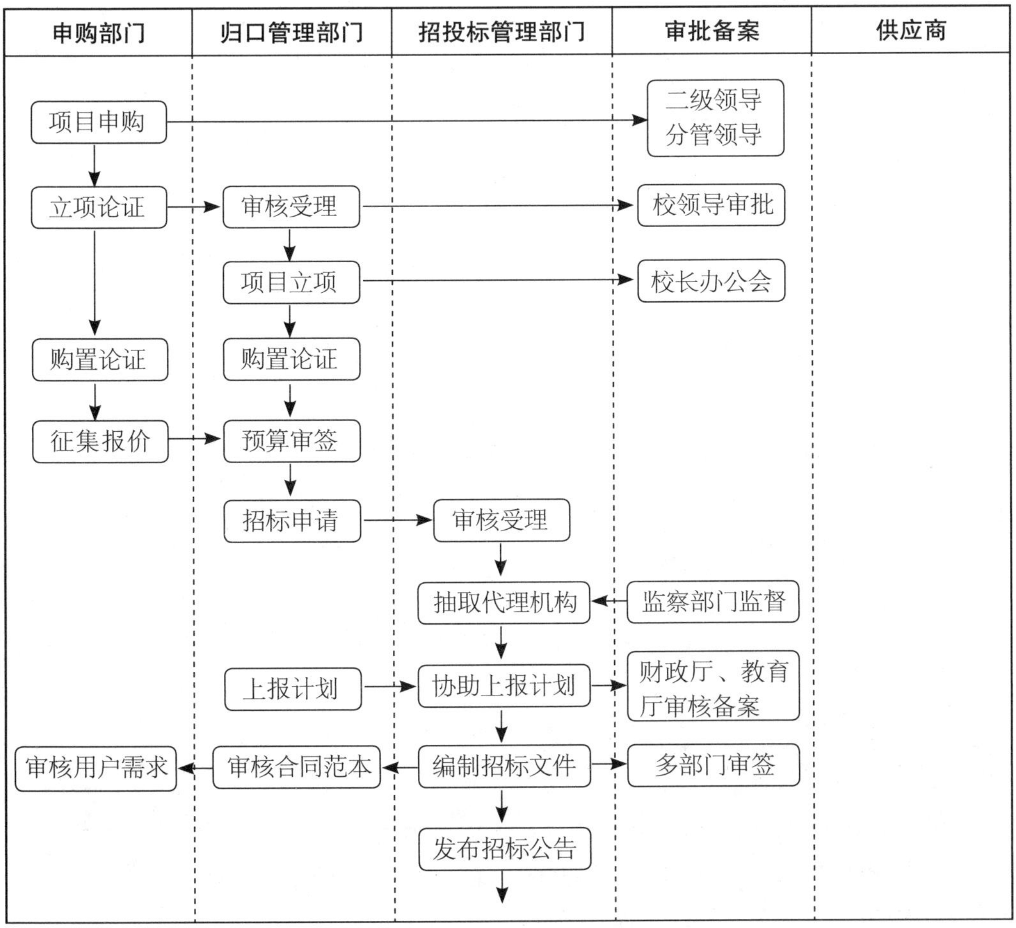

（续上表）

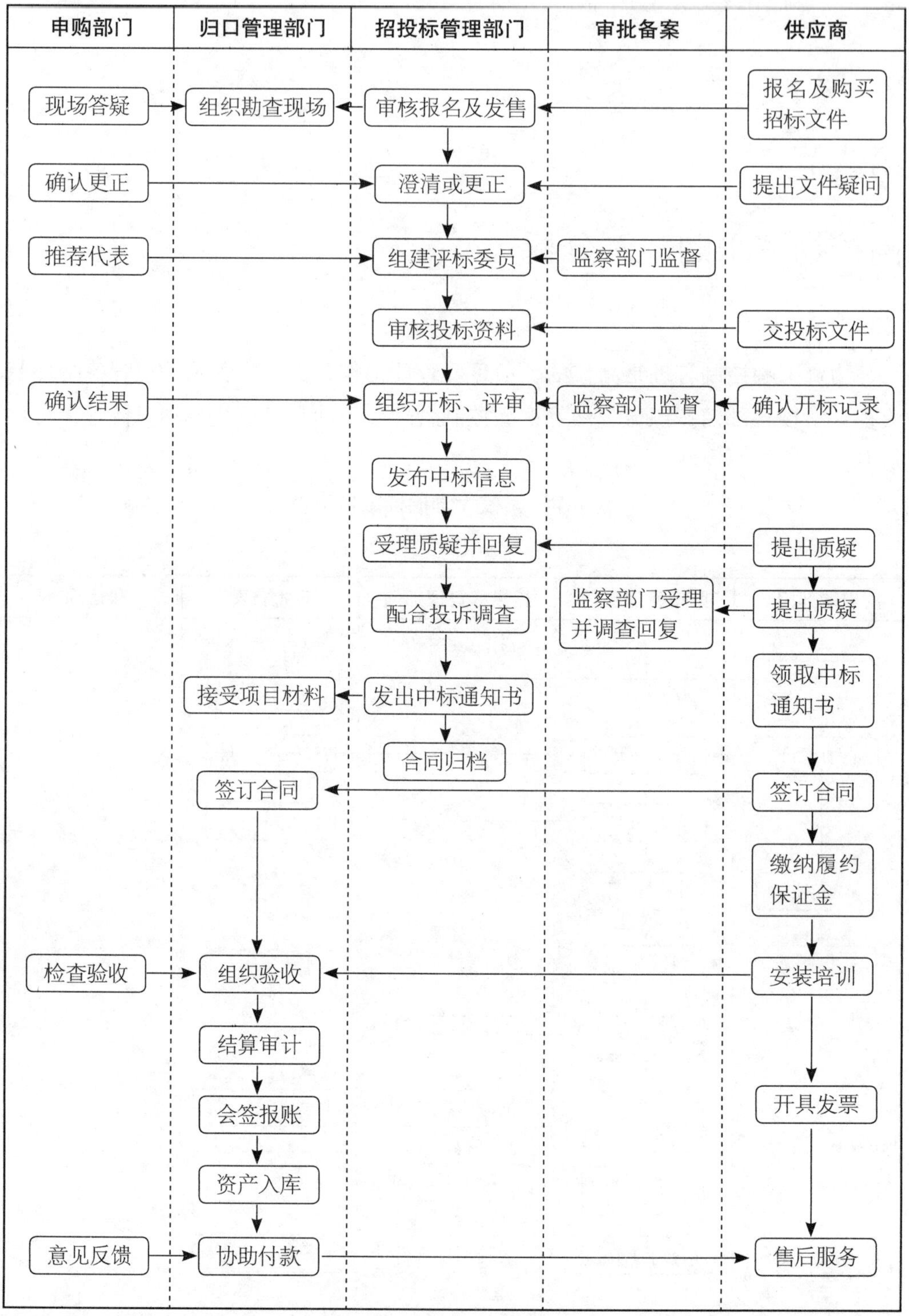

注：以上流程为全部流程，不同的项目内容、不同的项目金额流程会减少部分环节，详情请咨询各项目归口管理部门或招投标管理部门。

9

第九章

高校资产管理内部控制研究

第一节

高校资产的概念与分类

一、高校资产的概念

这里所称的资产是指高校占有或者使用的能以货币计量的经济资源，包括各种财产、债权和其他权利。

二、高校资产的分类

（一）流动资产。流动资产是指高校在一年内可以变现或者耗用的资产，是高校资产中必不可少的组成部分。高校的流动资产包括货币资金、短期投资、应收票据、应收账款和存货等。

（二）固定资产。固定资产是指高校为开展教学科研工作、提供劳务、出租或者经营管理而持有的、使用时间超过一年，单位价值达到规定标准以上，并在使用过程中基本保持原有物质形态的资产。单位价值虽未达到规定标准，但使用年限超过一年（不含一年）的大批同类物资，也作为固定资产处理。如图书馆购进大批量的图书。高校的固定资产包括房屋及构筑物、专用设备、通用设备、文物和陈列品；图书、档案；家具、用具、装备及动植物。

（三）在建工程。在建工程是指高校固定资产的新建、改建、扩建，或技术改造、设备更新和大修理工程等尚未完工的工程。在建工程通常有“自营”和“出包”两种方式。自营在建工程指高校自行购买工程用料、自行施工并进行管理的工程；出包在建工程是指企业通过签订合同，由其他工程队或单位承包建造的工程。高校一般采用“出包”的方式来新建、改建和扩建工程。

（四）无形资产。无形资产是指高校拥有或者控制的没有实物形态的可辨认的非货币性资产。高校的无形资产包括专利权、商标权、著作权、土地使用权和非专利技术等。

（五）对外投资。对外投资是指高校及所属单位在教学科研活动以外，以现金、实物、无形资产或以购买股票、债券等有价证券方式向其他单位进行的投资，以期在未来获得投资收益的经济行为。

第二节

高校资产管理应当重点关注的风险

高校资产管理应当重点关注下列风险：

（一）内部控制不完善，货币资金可能被挪用或贪污等造成的损失。

（二）实物资产配置不合理、验收盘点不及时或手续不全、使用不当、维护不力、出租出借管理不规范和处置程序不合规等，可能导致资产价值贬损、使用效能低下、资产遗失、出现安全隐患或者资源浪费。

（三）无形资产缺乏核心技术、权属不清、技术落后、存在重大技术安全隐患，可能导致法律纠纷，缺乏可持续发展能力。

（四）对外投资论证不足，投资科学性、合理性受限，可能导致投资权属存在隐患，投资无效益或负效益，资产的安全、完整无法保障。

（五）应计提折旧的固定资产未按规定计提折旧或无形资产未按规定摊销，导致财务信息不真实、不完整。

第三节

高校资产管理岗位设置和职责要求

（一）高校应当合理设置资产管理岗位，确保关键岗位人员配置合理，切实做到资产业务不相容岗位相互分离、制约和相互监督，资产账簿登记和管理使用相分离。

（二）高校应当合理设置资产管理业务涉及的货币资金、固定资产、存货、无形资产和对外投资控制环节中的相关部门和岗位，明确其各自的职责范围、审批权限、工作要求等，并严格落实岗位责任制。

（三）货币资金支付的审批与执行；货币资金的保管与盘点清查；货币资金的会计记录与审计监督等不相容岗位应该实行分离管理。

（四）实物资产的预算编制、审批与执行；实物资产的采购、验收与款项支付；实物资产的保管与会计记录；实物资产的处置审批与执行等不相容岗位应该实行分离管理。

（五）无形资产的预算编制、审批与执行；无形资产的取得、验收与款项支付等不相容岗位应该实行分离管理。

（六）对外投资项目可行性研究与评估；对外投资的决策与执行；对外投资处置的审批与执行等不相容岗位应该实行分离管理。

第四节

高校货币资金的风险防控措施

（一）按规定程序办理支付申请。单位有关部门或个人用款时，应当提前向审批人提交货币资金支付申请，注明款项的用途、金额、预算、支付方式等内容，并附有效经济合同或相关证明。如会议邀请函、会议通知等。

（二)按规定程序办理支付审批。审批人根据其职责、权限和相应程序对支付申请进行审批。属于“三重一大”事项的，还应实行集体决策和审批。

(三）按规定程序办理支付复核。复核人应当对批准后的货币资金支付申请进行复核，复核货币资金支付申请的批准范围、权限、程序是否正确，手续及相关单证是否齐备，金额计算是否准确，支付方式、支付单位是否妥当等。复核无误后，交由出纳人员办理支付手续。

（四）按规定程序办理报账支付。出纳人员应当根据复核无误的支付申请，按规定办理货币资金支付手续，及时登记现金和银行存款日记账。

（五）按规定管理使用库存现金。设定库存现金限额，超过库存限额的现金应及时存入银行。合理确定现金开支范围，不属于现金开支范围的业务应当通过银行办理转账结算。收入现金要及时存入银行，不得坐收坐支。借出款项必须执行严格的授权批准程序，严禁擅自挪用、借出货币资金。积极探索“无现金”报账改革，推行使用“公务卡”办理报账。定期和不定期地组织人员盘点库存现金，确保现金账面余额与实际库存相符。发现不符，应查明原因，及时做出处理。

（六）加强银行账户的管理。开立、变更或撤销银行账户要严格按照规定报教育主管部门、财政部门审批、备案。会计部门要指定专人定期核对银行账户，每月至少核对一次，编制银行存款余额调节表，做到银行存款账面余额与银行对账单调节相符。如调节不符，应查明原因，及时处理。

（七）加强会计管理核算。高校取得的学费收入，必须按照收支两条线管理的办法，在规定的时间内上缴财政专户，各项创收都不得私设“小金库”，不得账外设账，严禁收款不入账的情况发生。

（八）加强票据登记管理。高校应当加强与取得货币资金相关的票据（如收款收据、银行转账凭证）的管理，明确各种票据的购买、保管、领用、背书转让、注销等环节的职责权限和程序，并专设登记簿进行记录，防止空白票据的遗失和被盗用。

（九）加强银行预留印鉴的管理。高校的财务专用章应由专人保管，个人名章必须由本人或其授权人员保管。严禁一人保管支付款项所需的全部印章。实行电子支付的高校必须确保系统安全，且建立健全支付权限管理制度，加强分级支付额度管理，银行网银盾和用于财务系统支付的专用密钥及密码必须由本人保管。

表9－1　高校资产管理内部控制可能存在的风险和需要采取的措施

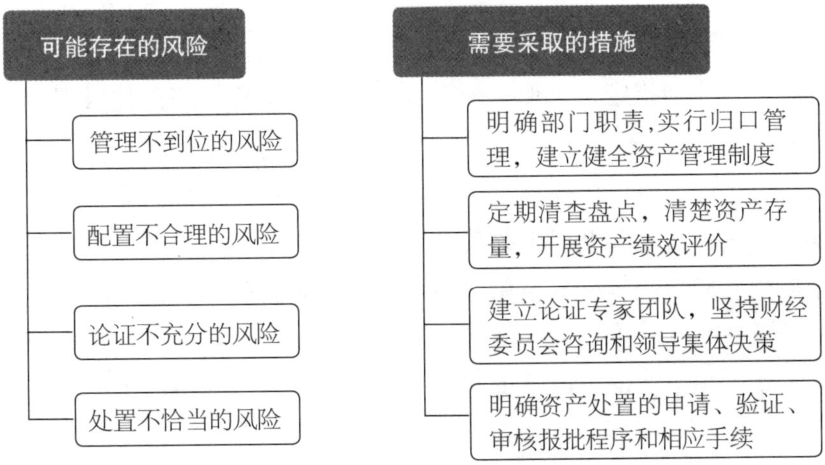

第五节

高校固定资产风险防控措施

（一）加强固定资产购置预算编制与支出管理。资产管理部门应根据学校事业发展规划，会同其他相关部门对需购置资产品名、规格、数量等进行充分论证，按规定程序批准后纳入年度预算。贵重仪器及大型设备的购置还应组织专家进行充分论证。

（二）加强固定资产采购和审批管理。固定资产申请购置部门、资产管理部门、采购管理部门、财务部门、主管校领导等须严格履行资产购置流程并经相关部门审批。符合政府采购条件的，应当执行政府采购。

（三）完善固定资产的验收制度。高校应当建立严格的固定资产交付使用验收制度，固定资产验收工作由基本建设、资产管理、监察审计、使用单位等相关部门共同实施，必要时，还要邀请专家参与验收。

（四）健全固定资产的登记制度。高校应当建立健全固定资产账簿登记制度和资产卡片管理制度，完善资产信息管理系统，做好资产的统计、报告、分析工作，确保资产账账、账实、账卡相符，并实现对资产的动态管理。财务部门、资产管理和使用部门应当定期核对相关账簿、记录、文件和实物，发现问题应及时报告和处理。

（五）对特殊资产实行特殊管理。高校的贵重资产、危险资产及有保密等特殊要求的资产，应当指定专人保管、专人使用，并规定严格的接触限制条件和审批制度。

（六）健全固定资产的保养制度。高校固定资产使用部门负责固定资产日常维修、保养、定期检查，及时消除风险。固定资产需要大修的，应由资产管理部门、使用部门共同组织评估，提出维修方案，经单位负责人或其授权人员批准后实施。

（七）建立固定资产租借管理制度。高校应当建立健全固定资产出租出借管理制度，明确归口管理部门，建立严格的出租出借审批程序。凡需报上级主管部门备案或审批的，应按规定及时办理备案或报批手续。

（八）建立固定资产定期盘点制度。高校应当建立固定资产定期盘点制度，明确资产盘点的范围、期限和组织程序，定期或不定期地进行盘点。发现账实不符的，应编制资产盘盈盘亏表并查明原因，追究责任，妥善处理。

（九）加强固定资产处置管理控制。高校应当组织相关部门或专业人员对固定资产的处置依据、处置方式、处置价格等进行审核，处置价款应当及时、足额地收取并及时入账。处置价款扣除相应税金、费用等后，应当及时上缴国库，实行“收支两条线”管理。

第六节

高校无形资产风险防控措施

（一）加强无形资产的管理。高校应当加强对品牌、商标、专利、专有技术、土地使用权等无形资产的管理，分类制定无形资产管理办法，落实无形资产管理责任制，促进无形资产有效利用，充分发挥无形资产对提升高校核心竞争力的作用。

（二）梳理无形资产的权属关系。高校应当全面梳理外购、自行研发以及其他方式取得的各类无形资产的权属关系，加强无形资产权益保护，防范侵权行为和法律风险。无形资产具有保密性质的，应当采取严格保密措施，严防泄露商业秘密。高校购入或者以支付土地出让金等方式取得的土地使用权，应当取得土地使用权有效证明文件。

（三）清查无形资产的使用情况。高校应当定期对专利、专有技术等无形资产及校名、商誉的使用情况进行清查和规范，切实维护和提升高校的社会认可度。

第七节

高校对外投资的风险防控

（一）加强对外投资的立项控制。高校应当加强对外投资立项与决策环节的控制，审慎选择对外投资项目，组织相关部门或人员对投资建议项目进行分析与论证，对投资项目进行可行性研究及评估，实行集体决策并做好书面记录。严禁任何个人擅自决定对外投资或者改变集体决策意见。

（二）加强对外投资的执行控制。制订对外投资实施方案，明确出资时间、金额、出资方式及责任人员等内容。对外投资实施方案及方案的变更，应当经学校最高决策机构审查批准，由其授权人员执行。按规定应当报教育主管部门审批或备案的，应当履行相应程序。加强对外投资项目的追踪管理，及时、全面、准确地记录对外投资的价值变动和投资收益。同时加强投资收益的控制，对外投资获取的股利、股息以及其他收益，均应纳入学校财务核算，严禁设置账外账。

（三）加强对外投资的处置控制。高校对外投资的收回、转让与核销，应经集体审议批准并按规定权限报批报备。对应收回的对外投资资产，要及时足额收回；转让对外投资应进行评估以合理确定转让价格，并报授权批准部门批准；核销对外投资，应取得因被投资单位破产等原因不能收回投资的法律文书和证明文件。对外投资按规定应当报教育部审批或备案的，应当履行相应程序；处置收入应当上缴国家的，应当及时上缴国库。

（四）加强对外投资的监督管理。建立对外投资内部控制的监督检查制度，明确监督检查机构或人员的职责权限，定期或不定期地进行检查。对监督检查过程中发现的问题，应当及时报告，查明原因，采取措施加以纠正和完善。

（五）建立对外投资责任追究制度。对在对外投资中出现重大决策失误、未履行集体决策程序和不按规定执行对外投资业务的部门及人员，要根据法律法规和具体情况追究相应的责任。

第八节

高校资产管理的若干思考

（一）现金历来都是一项流动性最大的资产。如今，随着支付手段的进步（如网上银行、手机银行、公务卡报账以及微信转账支付），高校现金收付业务逐步减少，现金的风险系数也在逐步降低，因此高校对资产控制的力量分布应当进行重新调整，应将原来安排在现金控制的力量逐步转移到其他方面控制上来。

（二）高校固定资产的风险发生总是同固定资产的招标采购、维护保养和投资处置等行为密切相关。通过贯彻落实好“谁用，谁管，谁负责”的资产管理原则和开展资产绩效评价等措施，改变“重购买，轻管理，重复购置，低效运转”的资产管理现象十分紧迫。同时，由于高校固定资产的处置报批手续比较麻烦，不少高校已经到期报废或者已经报废不用的资产还会人为地挂在会计账上，报废资产得不到及时处置。因此，高校的会计部门和资产管理部门应当切实加强报废资产的清理申报和账务核对工作。

（三）高校的大部分无形资产都没有进行价值评估，没有进行账务登记，单位无形资产归口管理部门因校而异，相对于其他资产，高校的无形资产的管理制度比较混乱。日常工作中，高校的无形资产风险在于保护意识不强，利用不当，常常出现被不良商家恶意侵占的现象。因此，随着高校知识产权数目的逐步增加，高校应当重视无形资产的日常价值评估、账目登记、产权梳理等管理工作。

（四）高校是公立事业单位，职工的主要心思是放在教学科研上，经营管理不是学校的强项，学校同经营老板合作，往往吃亏的是学校，所以学校同个人老板合作，学校应当慎之又慎，既要考虑老板个人的诚信行为，又要根据学校可能承受的风险水平在合同上明确学校可能承担的风险上限，在管理上充分考虑到风险降低、风险分担等问题，设定风险防范措施，保证学校合作风险扩散不会影响到学校的正常运转。当前国家鼓励高校科研人员创办公司，高校一要鼓励，二要将个人行为同学校行为进行合理切割，促使科研人员加强自我风险防范能力，以降低高校的风险承担。

（五）过去，高校一般都建立物资仓库，各部门和二级单位物资进出都通过仓库验收、登记、保管、领用。近年部分高校为方便各二级学院工作，取消了仓库，结果出现各部门自行采购并采用虚假发票报账的行为。为加强对材料物资的控制，部分高校又开始重新建立仓库，统一进行物资材料的采购、验收和领用登记工作。这一做法不一定有利二级学院工作，但高校将耗用数量多、价值大的原材料、办公用品、低值易耗品、大宗物资等作为存货管理，对预防虚假报账肯定是有帮助的。实行校院二级管理、简政放权的同时，必须更加注重明确相关部门和岗位的职责，做到不相容岗位相互分离，规范存货出入库管理流程，防范存货管理风险。

第九节

高校资产风险的案例分析

20世纪90年代，某一眼镜销售老板主动找上门来，要求同汉东医学院合作开办眼镜销售店，学校提供验眼技术支持，老板每年给予学院5万元的合作费。校方觉得划算，便同该老板签订了10年的合作协议。合作10年后，因老板未能依照协议规定如期足额支付合作费，校方决定不再续签合作协议，并要求眼镜店老板停止使用“汉医眼镜”的牌子，老板同意不再签订合作协议，但不同意摘下“汉医眼镜”的牌子，校方将老板的侵权行为诉之法院，可学校始终未能胜诉。原因是，老板早在5年前就以个人公司的名义向汉东市商标局注册了“汉医眼镜”的商标，由于汉东医学院并没有向商标局办理过简称“汉医”的商标注册，也没有办理过“汉医眼镜”的注册，从法律角度看，“汉医”以及“汉医眼镜”与“汉东医学院”并不存在关联关系，从而可以推断“汉医眼镜”并没有构成对“汉东医学院”的侵权行为。

经过10年的合作，“汉医眼镜”就是“汉东医学院”开办的眼镜销售店的观念已经深入人心并且根深蒂固，“汉医眼镜”赢得市民的普遍信赖，为眼镜店老板带来非常可观的收益。

10年来，“汉医眼镜”先后在汉东各县（市、区）开设了近10家分店，而总店的招牌就高高地悬挂在学校门口对面的教师宿舍楼下的铺面上，每天前来验眼、配镜的客人络绎不绝，生意十分红火。

明知学校被老板利用了，学校的商誉被人盗用了，学校已经上了“别人把自己卖了，还要帮着别人数钱”的当，可学校对此始终有口难言，束手无策。学校经常为了得到一点“蝇头小利”而落到“赔了夫人又折兵”的境地，现实残酷，教训深刻。

究其原因：一方面是老板个人功利心强。企业经营目标是利润最大化，老板同高校进行合作，一是想到如何利用与学校的资源扩大企业在社会的影响力，实现经营赢利；二是利用与学校的合作，找到风险转移的对象。另一方面是管理者责任心不强。高校是公立事业单位，职工的主要心思是放在教学科研上，经营管理不是学校的强项，个别管理人员在合作期间因为吃过老板一餐饭，拿到老板一瓶酒，结果“吃了人家的饭嘴软，拿了人家的东西手短”，涉及合同纠纷时，不但不能站在学校的角度据理力争，还得替别人说话求情。

第十章

10

高校科研经费管理内部控制研究

第一节

高校科研经费的概念及种类

一、高校科研经费的概念

高校科研经费是指高校承担的各级政府项目、承接的企事业单位技术开发、技术咨询和服务等科学研究和技术服务项目所取得的经费。

二、高校科研经费的种类

按照资金来源渠道，高校科研经费包括：

（一）纵向科研经费。高校的纵向科研经费包括计划科技经费（理、工、医科）和规划项目科研经费（文科）。计划科技经费是指各级政府及其部门批准立项并拨款的科研经费；规划项目科研经费是指规划部门立项项目和有财政拨款通知的政府项目经费。如：国家基金委下拨的自然基金，教育部科研基金，社会科学基金。

（二）横向科研经费。高校的横向科研经费包括委托科技经费（理、工、医科）和非规划项目科研经费（文科）。委托科技经费是指以签订技术开发、技术转让、技术咨询、技术服务等科研合同方式取得的，由国（境）内企事业单位、社会团体等出资投入的科研项目经费；文科非规划项目科研经费是指除规划项目以外的其他文科项目经费。

（三）国际合作项目科研经费。高校的国际合作项目科研经费是指学校与国（境）外政府、学术机构等非政府组织间开展国际科研合作取得的项目经费。国际合作项目科研经费的使用有协议的按协议执行，无协议的参照横向科研经费执行。

（四）其他科研专项经费。高校的其他科研专项经费是指学校及所属单位获得创收收入资助、社会捐赠等资金资助的科技经费和其他未归入上述科研项目的各类经费。

第二节

高校科研经费管理状况

一、高校科研经费收入状况

改革开放以来，我国提出了“科学技术是第一生产力”的论断，确立了“科教兴国”的基本路线，制定了《国家中长期科学和技术发展规划纲要（2006—2020年）》，提出了“到2020年，全社会研究开发投入占国内生产总值的比重提高到2.5%以上”的经费投入目标。根据发展规划，从2006年起，国家财政对科研经费的投入逐年增长。2011年10月17日，财政部副部长张少春在 “推进‘十二五’国家科技计划和经费管理改革”视频会议上透露：“十一五”期间，国家科技财政投入从2006年的年投入2000多亿增长至2010年7000多亿，呈稳定增长趋势，为“十五”期间总量的近三倍。科技部部长万钢也在一次报告会上披露：我国科技经费节节攀升，中央财政科技投入保持年均20%的增长，我国科技基本走出了经费短缺的时代。高校是高层次人才的聚集地，无疑是科研经费增长的最大受益者。不少“211工程”院校的科研经费已经达到学校经费总量的40%。

二、高校科研经费使用状况

基于种种原因，随着科研经费总量的不断增加，社会对高校科研经费的管理和使用不当的批评之音越来越强。2006年山东省审计高校科研经费发现仅四成直接用于研究，接近六成用于管理费和劳务提成。2007年在湖北省政协九届五次会议上，有政协委员感言，有些单位的科研经费是10%用来打点、50%或以上用于非科研开支，相当多一部分是与项目无关的会议和个人提成。中国科协一份调查报告也提及大量科研经费流失于项目之外。2011年12月，北京市海淀区人民检察院一位检察官接受《中国青年报》记者采访时发出“如不尽快采取措施，掌握大笔科研经费的教授群体可能沦为新的腐败高发人群”的警告。中科院某院士候选人挪用科研经费包养情妇一事更令社会各界对科研经费的管理使用大生质疑①。

第三节

高校科研经费在管理和使用方面的风险

高等学校承载着人才培养、科学研究、文化传承和社会服务四大功能，高校的四大功能都承载着研究任务，高校是全社会科研经费申报和使用的主阵地。高校科研经费管理和使用方面的风险主要表现在以下几个方面：

（一）管理混乱的风险。科研经费管理制度不健全，主体责任落实不到位，管理混乱，可能导致科研项目经费流失，或有被滥用、挪用的风险。

（二）重复立项的风险。申报立项论证不充分，项目重复申报立项，可能造成项目无法完成，形成资金浪费。

（三）条款缺陷的风险。科研项目合同签订不规范、信息虚假、合同条款存在缺陷，可能产生经济损失和法律纠纷。

（四）拨款缓慢的风险。科研经费到款不及时，影响科研工作进度，可能无法按时完成科研任务，造成后续科研经费不能按合同约定使用。

（五）审核不严的风险。未按批复的项目预算，或未按合同约定使用科研项目经费，支出审核不严，项目无法通过验收，可能造成科研经费被收回或减少后续拨款，导致学校信誉受损。

（六）成果泄露的风险。对技术成果及档案保护措施不力，高校合法权益被侵害。

高校应当全面梳理科研项目的申请、立项、执行、验收、结题结账、成果保护等关键环节可能存在的风险点，建立架构清晰、职责分明的科研项目管理内部控制，明确相关部门和岗位的职责权限。

---

① 邵积荣.高校管理百思〔M〕.贵阳：贵州大学出版社，2016.

第四节

高校科研经费风险防控措施

一、学校层面的管理措施

（一）高校应当建立健全“统一领导、分级管理、责任到人”的科研管理体制，明确学校、院（系）、项目负责人在科研项目管理方面的职责和权限。

（二）高校应当建立健全科研项目归口管理制度，科研项目申报、科研项目任务书或科技合同的签订等应由学校科研管理部门归口管理，科研经费应由学校财务部门归口管理。

（三）高校应当合理设置科研项目管理岗位，确保项目申请、论证、立项审批、合同管理、经费管理等不相容岗位相互分离。

二、科研部门的管理措施

（一）高校应围绕学校事业发展规划，结合学校科研保障条件和科研能力，组织开展科研项目申报和科研合作。在选择具体科研项目时，应组织必要的可行性论证，确保科研方向准确、技术可行、预算合理、目标可实现，并要确保申请材料内容真实、准确。

（二）高校应当按照科研合同管理要求加强科研项目的合同管理工作。科研项目任务书和科研合同应由科研管理部门归口审核与签订。重大科研项目合同或条款应组织财务、审计、资产、法律等部门进行会审。

（三）高校应加强对科研项目研究过程的管理，学校要依据项目合同（任务书）的预期目标和要求，督促科研人员按进度完成研究内容。对于涉及项目实施过程中研究目标、研究内容、研究进度和执行期限、主要研究人员、合作单位等重大事项的变更，要组织专家论证，并按规定办理审批手续。

（四）高校应建立和完善项目检查和验收制度，应按有关规定或合同的要求，督促项目负责人按时提交验收或结题申请，认真审核验收材料，按时组织开展科研项目结项验收，保证按期完成结题验收工作。

（五）高校应规范科研项目资料档案管理，确保科研项目资料档案的完整性、准确性和系统性，并在符合国家相关规定的前提下，建立科研档案资料的共享机制。

（六）高校应注重成果与知识产权管理，积极创造条件，鼓励科研项目成果的保护、转化、应用及申报知识产权。建立健全知识产权申报、转让、使用信息登记制度，保障学校和研究人员的合法权益。

（七）高校应建立健全科研绩效评价制度。要建立以创新质量和贡献为导向的科研项目考核、评价和奖励制度，并通过合理运用绩效评价结果，激发科研人员的热情，提高科研经费使用效益。

第五节

高校科研经费的财务管理

（一）高校科研项目资金都要归口财务统一管理。高校所有的科研项目资金都 要作为学校收入纳入预算，由财务部门归口管理与核算。科研管理部门应及时将已批复或已签订的科研项目任务书（含合同）复印一份转交到财务部门，协同财务部门做好科研经费到账及项目明细核对工作。项目负责人必须确保已开具收入票据的各类科研项目资金，及时拨入学校指定的银行账户。

（二）高校应加强科研项目预算的编制管理工作。科研项目申报前应按照目标相关性、政策相符性和经济合理性的原则，科学、合理、真实地编制项目预算。对于重大科研项目，学校应建立预算评审制度，组织校内相关职能部门、咨询专家或中介机构对项目预算进行评审，提出预算审核建议。

（三）高校应加强科研项目的执行和调整管理工作。科研项目立项后，高校应严格执行批复的项目预算。对于确需调整预算的科研项目，学校在规定权限范围内应按规定明确项目预算调整范围、金额和审批流程及审批权限。

（四）高校应按科研项目要求做好支出管理工作。高校应完善与强化科研项目资金支出管理工作。严格执行科研项目支出预算，明确各类科研支出的审批流程与权限。严格履行支出申请、审批、招标采购、资产验收等程序，按照经费开支范围和标准使用科研项目资金。

（五）高校应加强科研项目资金外拨业务的管理。学校应对科研合作单位资质进行审查，与通过资质审查的合作单位签订书面合作研究合同。科研项目外拨资金应当以合作（外协）项目合同为依据，严格按照合同约定的外拨经费额度、拨付方式、开户银行和账号等条款办理，并定期同合作单位的财务部门进行沟通，了解外拨经费的管理和使用情况。

（六）高校应加强科研项目结转结余资金的管理。科研项目未结题验收前，其资金收支余额应作为项目结转资金继续使用。项目验收结题后，高校应及时办理科研项目资金决算与结账手续，科研项目的结余资金应按规定及时处理。

（七）高校应建立健全科研经费的监督检查机制。健全包括审计、监察、财政、科技等职能部门、主管部门和社会中介机构在内的科研经费监督体系，建立科研项目的财务审计与财务验收制度。

第六节

高校科研经费的审计监督

一、科研经费审计的内容

对科研经费审计的内容包括：

（一）制度建设情况。检查科研管理部门、财务部门、科研项目负责单位对科研项目的内部控制是否健全，科研行为是否规范，奖励及责任追究制度是否落实。

（二）项目管理情况。检查科研管理部门及项目负责单位对科研立项申报、项目合作以及项目结题过程的管理监督情况。

（三）预算管理情况。检查被审项目的预算编制、预算调整是否符合有关规定要求。

（四）收支管理情况。检查被审项目经费是否全部纳入学校财务统一管理；大额资金支付是否经过授权审批；外拨经费是否订立合同并按合同约定执行，是否经科研管理部门审批、财务部门审核，严格执行项目预算；是否存在违规支出劳务费行为；结存经费是否按照规定进行管理。

（五）资产管理情况。检查被审项目使用科研经费购置与形成的固定资产和无形资产是否统一纳入本部门、本单位资产管理，是否存在隐匿、私自转让、非法占有或谋取私利的行为。

（六）绩效管理情况。检查学校对被审项目的间接费用的计提、分配和使用是否符合规定，重大科研设备的效用发挥是否合理。

（七）纪律管理情况。检查被审项目有无截留、挪用、挤占科研经费等违反财经纪律的行为。

二、科研经费审计业务组织方式

内部审计机构开展科研经费审计可采取审签、事后审计、过程审计等方式。对重大科研项目根据需要按有关规定采取过程审计方式。

（一）科研经费决算审签。按照国家科研经费管理的相关规定，上报科研经费财务决算前须经内部审计机构审签的项目，内部审计机构在财务部门审签的基础之上，根据国家与上级主管部门和学校对项目经费的管理要求进行审签。内部审计机构视工作需要，可对与科研经费有关的经济活动进行延伸审计。

（二）科研经费年度审计。内部审计机构根据上级有关政策要求、学校工作安排及科研管理部门提出的科研经费审计重点，制订科研经费年度审计计划，经主要负责人批准后，负责组织实施审计。内部审计机构也可以采取联合科研管理部门、纪检监察部门、财务部门一起审计的方式，或由内部审计机构委托社会中介机构进行审计。

（三）科研项目结题委托审计。科研项目在结题验收之前，按照经费主管部门的要求，需要第三方出具审计报告的，由各个课题组按照经费主管部门要求委托具有相应资质的社会中介机构进行审计。

三、科研经费审计程序

（一）科研经费决算审签程序

凡需提交内部审计机构审签的项目，科研项目负责人应先将科研经费决算表及相关说明材料提交财务部门审核签章，在上报决算规定的时间内将经财务部门确认的经费项目明细账、财务决算表及其他资料的复印件提前送达内部审计机构，内部审计机构在财务部门审核的基础上按规定审签。

（二）科研经费年度审计程序

1. 由内部审计机构、科研管理部门、财务部门等相关部门根据科研经费的管理和使用情况、单项科研项目经费的额度、项目的重要性，提出科研经费审计立项计划。

2. 内部审计机构根据年度审计工作计划安排，在实施审计前将审计通知书送达科研管理部门，由科研管理部门通知被审项目负责人及负责单位，并抄送财务部门。

3. 内部审计机构在开展审计前，必须进行审前调查，向科研管理部门、财务部门等相关管理部门和被审项目负责人了解情况，制订详细的审计实施方案。

4. 被审项目的负责人及负责单位接到通知后，按照通知要求按时将完整的审计资料提交给科研管理部门汇总初审后统一报送内部审计机构。在审计实施过程中，被审项目的负责人及负责单位应及时提供审计所需的与被审项目相关的其他资料并书面回复有关问题，科研管理部门应积极支持和配合内部审计机构工作。

5. 内部审计机构根据审计结果出具审计问题征求意见稿，科研管理部门及财务部门在收到后的10日内汇总意见，并向内部审计机构书面反馈意见。

6. 内部审计机构核实书面反馈意见，必要时对报告进行修改，报主要负责人批准后出具正式审计报告。正式审计报告分别送达科研管理部门和财务部门。审计部门对发现的违规违纪问题应及时移交纪检监察部门。

7. 科研管理部门、财务部门收到审计报告后，组织被审项目的负责人及相关单位按审计报告要求进行落实、整改，并在收到审计报告后的三个月内将整改结果报送内部审计机构。

8. 内部审计机构负责对科研项目审计资料进行整理、归档。

（三）需要委托社会中介机构实施的科研经费审计程序

1. 内部审计机构委托审计的，在国家及上级主管部门指定范围内，通过规范程序，选择社会中介机构，签订委托审计合同，明确规定审计范围、内容和要求，并负责协调和解决受委托审计小组在审计中遇到的困难和问题。社会中介机构根据合同约定提交审计报告，内部审计机构复核审计报告，征求科研管理部门及财务部门意见，报主要负责人批准后，出具正式审计报告。正式审计报告分别送达科研管理部门和财务部门。

2. 科研项目结题委托审计，由各个课题组按照经费主管部门要求委托具有相关资质的社会中介机构进行审计，由课题组按照本部门、本单位合同管理办法规定的权限签订委托合同。社会中介机构出具的审计报告抄送内部审计机构备案。

四、科研经费审计所需要的资料

（一）科研经费决算审签抽查审计所需要的资料

1. 科研项目号及批复预算。

2. 科研经费项目明细账、财务决算表（需经项目负责人、负责单位、财务部门签字盖章确认）。

3. 项目支出中若含有合作（协作）费支出，应提供合作（协作）合同复印件，必要时提供原件。

4. 其他相关资料。

（二）科研经费年度审计所需要的资料

1. 被审项目任务书、立项批复文件及下达的项目预算书。

2. 被审项目实施协议、合同任务书及项目实施中相关的其他协议（项目合作协议或合同、对外协作加工协议、采购合同）等。

3. 被审项目结题财务验收申请报告。

4. 经财务部门审核的被审项目明细账以及设备购置明细清单。

5. 经合作单位财务部门确认的外拨经费使用情况报告。

6. 自筹经费来源和使用情况说明。

7. 被审项目结余经费使用说明。

8. 被审项目负责单位基本情况、立项基本情况、实施情况、产业化现状及趋势说明；被审项目参与实施人员清单（包括姓名、年龄、学历、职称等）。

9. 其他相关资料。

以上各项资料，涉及外单位的，需由外单位相关负责人签字，加盖单位公章。被审项目的依托单位或负责单位对所提供审计资料的真实性和完整性负责。

五、责任与经费

内部审计机构根据工作需要，可以对与被审项目有关的经济活动进行延伸审计，被审项目负责人及负责单位应当予以配合。对不按本规定执行的，造成科研项目无法结题或其他后果的，由被审项目负责人及负责单位承担相应责任。

内部审计机构委托社会中介机构对科研经费审计的费用在本部门、本单位预算经费中安排列支。各个课题组委托社会中介机构对科研项目结题验收前的科研经费审计所需委托费用，在各课题组的科研经费中安排列支。

第七节

高校科研项目经费管理控制的理性思考

一、要做好观念转变工作

多年来，许多高校管理人员和科研工作者总是以为，不论是纵向科研经费还是横向科研经费，都是项目负责人凭着自己的实力争取得来的，是由学校财务部门“帮助代管的经费”。在整个科研工作过程中，人们总是期待财务人员“帮助”做好“经费接收”“报账付款”和“结题证明”等服务工作。社会大环境和学校小环境使得各部门在科研经费管理过程中都被“习惯”和“情感”颠倒了。习惯扭曲了原则，情感替代了理性。这些错误的认识影响到高校科研人员对科研经费的正确认识，也影响到财务部门的监督管理，必须加大宣传力度，在科研队伍中树立起正确的科研态度。

二、要做好制度更新工作

2016年7月31日，中共中央办公厅、国务院办公厅印发了《关于进一步完善中央财政科研项目资金管理等政策的若干意见》（下称《意见》），要求科研主管部门和高校进一步推进简政放权，放管结合，优化服务。同以往管理要求相比，《意见》有五个方面的变化。一是要求将直接费用中的材料费、测试化验加工费、燃料动力费、出版／文献／信息传播／知识产权事务费及其他支出预算调剂权限下放给项目承担单位，允许项目单位在不超过直接费用10%的基础上统筹安排使用会议费、差旅费、国际合作与交流费，并且对于难以取得住宿费发票的差旅会议，允许据实报销城市间交通，并按规定标准发放伙食补助费和市内交通费；二是提高间接费用比重，加大绩效激励力度，允许绩效支出安排与科研人员在项目工作中的实际贡献挂钩；三是明确劳务费开支范围，不设比例限制，参与项目研究的研究生、博士生及博士后、访问学者以及项目聘用的研究人员、教辅人员等，均可开支劳务费，劳务费用预算不设比例限制，由项目承担单位和科研人员据实编制；四是改进结转结余资金留用处理方式，明确年度剩余资金可结转下一年度继续使用，项目完成任务目标并通过验收后，结余资金按规定留归项目承担单位使用，在2年内由项目承担单位统筹安排用于科研活动的直接支出，2年后未使用完的，按规定收回；五是允许高校自主规范管理横向经费，横向经费纳入单位财务统一管理，由项目承担单位按照委托方要求或合同约定管理使用。《意见》有利于促进大众创业、万众创新，有利于调动科研人员的积极性和创造性，增强科研人员改革的成就感和获得感。同以往管理要求相比，变化很大，高校应该及时做好管理制度的修改更新工作。

三、要做好服务改进工作

首先，高校应该根据《意见》制定相应内部管理办法，完善内部风险防控机制，按照权责一致的要求，强化自我约束和自我规范，强化法人责任，确保接得住、管得好。其次，高校应该制定预算评估评审工作细则，优化评估程序和方法，规范评估行为，建立健全与项目申请者及时沟通反馈机制，制定财务验收工作细则，规范委托中介机构开展的财务检查，加强统筹协调，精简检查评审，推进检查结果共享，减少检查数量，改进检查方式，避免重复检查、多头检查、过度检查。再次，高校要创新服务方式，建立健全科研财务助理制度，为科研人员在项目预算编制和调剂、经费支出、财务决算和验收等方面提供专业化服务，充分利用信息化手段，建立健全单位内部科研、财务部门和项目负责人共享的信息平台，提高科研管理效率和便利化程度，保证科研人员能够潜心从事科学研究。最后，高校内部审计机构要积极配合国家审计机关依法开展对政策措施落实情况和财政资金的审计监督，督促指导所属单位完善内部管理，确保国家政策规定落到实处。

第十一章

11 对附属单位的内部控制研究

第一节

高校附属单位的概念及种类

一、高校附属单位的概念

高校附属单位是指除高校所属企业和教育基金会之外的，其他附属于高校的具有独立法人资格，按照事业单位性质管理的单位，包括高校的附属医院、研究院、独立学院和附属中小学等。

二、高校附属单位的种类

（一）附属医院。高校的附属医院包括直属附属医院和非直属附属医院，直属附属医院和非直属附属医院都具有独立法人资格，都要独立核算财务收支。直属附属医院是由高校投资设立，或政府投资设立交由大学管理的医院，学校对直属附属医院具有行政、人事和财政管辖权，学校同医院是上下级关系，医院在行政上接受大学管理，业务上接受卫生行政部门的指导。非直属医院是经评审合格，由学校同医院双方签署协议，不改变医院原来的行政隶属关系，大学不拥有医院的行政、人事和财政管辖权，双方在学生实习、见习、教学、科研和医疗技术等业务方面寻求合作，学校同非直属医院是伙伴关系，非直属医院的行政和业务工作都要接受卫生主管部门的领导。

（二）研究院。在学术界，称其为科学试验的研究机构。是大学之后的进阶教育研究机构，一般设于大学中，以“某大学某研究生院”的形式存在，也有独立设立者。大学研究所与研究院虽然同为科学试验的研究部门，但研究所一般不具备独立法人资格，大学研究所的人事、财政由学校管理和配置。

（三）独立学院。独立学院是由普通本科高校（申请者）与社会力量（合作者包括企业、事业单位，社会团体或个人和其他有合作能力的机构）合作举办的进行本科层次教育的高等教育机构。国家规定，申请者要对独立学院的教学和管理负责，并保证办学质量；合作者要负责提供独立学院办学所需的各项条件和设施，参与学院的管理、监督和领导。独立学院应具有独立法人资格、独立的校园校舍，独立进行教学和财产管理、招生和颁发毕业证书，能够独立承担民事责任。

独立学院是利用非国家财政性经费举办的实施本科学历教育的高等学校，因而学费是公立大学的三到四倍。在经费、学费和其他一些相关的管理上按照民办大学的方式进行。

（四）附属中小学。是由大学投资举办的中学、小学。附属中学、小学，在法律上都是一个独立法人单位，具有独立的人事权、财政权，行政上隶属于大学，业务上接受当地教育行政部门的指导。如广东的华南师范大学附属中学。

第二节

高校附属单位经济活动的内部控制应当重点关注的风险

高校附属单位经济活动的内部控制应当重点关注下列风险：

（一）附属单位在内部治理体系、组织架构、关键岗位设置与权责分配、经济活动决策与运行机制等单位层面的内部控制体系不健全或者存在重大缺陷，可能导致附属单位内部管理混乱，影响附属单位正常运行，高校因此遭受经济损失，承担监管或连带责任。

（二）附属单位在资产、财务收支、工程项目、合同管理、采购等业务方面的内部控制体系不健全或者存在重大缺陷，可能导致附属单位发生腐败和舞弊问题，高校因此承担监管责任。

（三）附属单位未按照国家法律法规和章程要求开展业务工作，收费管理混乱，超范围、超标准收费，存在私设“小金库”现象，可能导致学校声誉受损或牵涉法律纠纷，因此承担监管责任。

（四）附属单位的重大对外投资活动事先未经充分论证，投资过程管理混乱，可能因投资失败导致损失，高校因此承担连带责任。

（五）高校未采取切实有效措施对附属单位经济活动进行控制，可能导致未及时发现附属单位经济活动中存在的问题，由此而承担监管责任或连带责任。

（六）对设立研究院的必要性、可行性和科学性事先未经充分论证，可能导致其对学校教学、科研事业发展未起到促进作用，学校由此承担监管责任。研究院章程未明确合作各方的出资额，或对合作各方权利义务的规定出现缺陷或重大差错，导致产生合同纠纷，难以保障高校合法经济利益。

（七）对独立学院投入办学的固定资产或无形资产未经评估作价，可能导致国有资产流失。或者办学协议履行不到位，或在办学协议中未明确出资数额及各方权利义务，出现合同纠纷，可能导致高校合法经济利益受损。

（八）附属中小学未按规定用途使用专项资金，预算执行未达到预期目标，或者附属中小学未按规定设置专门的财务机构，未配备具有专业资格的财务人员，财务制度不健全，管理混乱，可能出现腐败和职务犯罪，高校因此承担监管责任。

第三节

高校对附属单位风险防控应当采取的措施

一、高校对其附属医院经济活动的内部控制应重点关注下列工作

（一）附属医院应当按照规定设立专门的财务机构并配备专职人员，三级医院须设置总会计师。医院的财务活动应在医院负责人及总会计师领导下，由医院财务部门实施集中管理。

（二）附属医院应当建立健全本单位内部控制体系并组织有效实施，接受高校对其内部控制的建立及实施情况进行的监督检查。

（三）附属医院的重大决策、重大事项、重要人事任免及大额资金支付业务等，应实行集体决策或联签制度，并按规定报其所属高校审批或备案。

（四）附属医院财务预、决算等财务信息应经医院规定的决策机构审议通过后上报主管部门，并报所属高校备案。

（五）附属医院应严格执行国家物价政策，建立健全各项收费管理制度。附属医院的各项收入应当及时全额纳入规定账户管理。

（六）附属医院应在保证正常运转和事业发展的前提下，严格控制对外投资。投资范围仅限于医疗服务相关领域。投资必须经过充分的可行性论证，并报主管部门和财政部门批准，同时报其所属高校备案。

（七）附属医院应遵循适当投资回报、严格防范风险、全程跟踪管理等原则，对投资效益、收益与分配等情况进行监督管理，确保国有资产的保值增值。

二、高校对研究院经济活动的内部控制应重点关注下列工作

（一）研究院应按相关规定建立其章程，并按章程设立理事会等机构作为研究院的决策机构。

（二）研究院的重大决策、重大事项、重要人事任免及大额资金支付业务等，应按章程规定程序决策，按规定报其所属高校备案。

（三）研究院应设立独立的财务机构，配备具有专业资格的财务人员，按照国家财经法律法规的规定开展财务工作。必要时，可以由所属高校委派会计或会计主管。

（四）研究院应当严格控制对外投资，不得举借债务。在保证研究院正常运转和事业发展的前提下，投资活动须经理事会决议通过，并按国家法规和章程要求履行相关审批程序，按规定报所属高校审批。

（五）研究院应当加强和完善会计基础工作，建立财务信息定期报送制度。在每个会计年度结束时，年度财务报告应按时报送其所属高校备案。

三、高校对独立学院经济活动的内部控制应着重关注下列工作

（一）参与举办独立学院的高校与社会组织或者个人，应当签订合作办学协议。合作办学协议应明确办学宗旨、培养目标、出资数额和方式、各方权利义务、合作期限、争议解决办法等内容。

（二）独立学院存续期间，举办者不得抽逃办学资金，不得挪用办学经费。举办者的出资须经依法验资，并按规定时间过户到独立学院名下。高校投入办学的无形资产，应当依法评估作价。

（三）独立学院应建立学院章程，并按章程设立理事会或董事会作为决策机构。

（四）独立学院应实行“统一领导，集中管理”的财务管理体制。以董事会或理事会授权为前提，法定代表人对独立学院财务工作应承担全部经济责任。

独立学院应设立独立的财务机构，并配备具有专业资格的财会人员，在法定代表人的统一领导下，按照国家财经法律法规的规定开展财务工作。

（五）独立学院的重大决策、重大事项、重要人事任免及大额资金支付业务等，须经理事会或董事会决议通过，必要时报其所属高校备案。

（六）独立学院应当定期向主管部门和所属高校财务部门报送财务报告及相关财务资料，年度预、决算和重大经济事项应及时上报所属高校备案。

四、高校对附属中小学经济活动的内部控制应着重关注下列工作

（一）附属中小学财务管理实行校长负责制，应单独设置财务机构并配备具有专业资格的财务人员，建立和完善会计人员岗位责任制。学校的财务活动在校长的领导下，由财务部门统一管理。

（二）附属中小学应当建立健全内部控制体系并组织实施，接受所属高校对其内部控制的建立及实施情况进行的监督检查。

（三）附属中小学的重大决策、重大事项、重要人事任免及大额资金支付业务等，应实行集体决策或联签制度，并报其所属高校备案。

（四）附属中小学组织收入应当合法合规，各项收费应当严格执行国家规定的收费范围、收费项目和收费标准，使用符合国家规定的合法票据。各项收入应全部纳入学校预算，统一核算，统一管理。严禁设立“小金库”，严禁账外设账，严禁公款私存。

（五）附属中小学应当严格控制对外投资，不得违反规定举借债务，不得提供担保。在保证学校正常运转和事业发展的前提下，按照国家有关规定可以对外投资的，应当履行相关审批程序，并报所属高校备案。义务教育阶段学校不得对外投资，严禁举借债务。

（六）附属中小学应当定期向主管部门和所属高校财务部门报送财务报告及相关财务资料，年度预决算应及时上报所属高校审定或备案。

第四节

高校对附属单位的管理控制思考

首先，高校应当依照有关法律、法规和合作协议的规定，通过建立健全附属

单位内部治理体系，任命其主要负责人，督促其建立健全内部控制，对其重大经济事项实施审批与监管，建立附属单位财务信息定期报送制度，定期对其财务状况和收支情况进行审计和监督等措施加强对附属单位经济活动的控制，切实维护高校权益。

其次，高校的内部审计部门要切实担当起对附属单位的监督职责，指导附属单位的审计部门做好内部审计工作，将附属单位的审计工作列入年度工作计划之中。根据附属单位的业务特点和学校工作需要开展审计业务，争取每年都对附属单位进行一次常规审计，至少两年要进行一次审计。在进行财务收支审计或其他专项审计时，要对附属单位的内部控制体系的健全性、有效性进行了解、测试和评价。

第十二章

12

高校所属企业管理内部控制研究

第一节

高校所属企业的概念和种类

一、高校所属企业的概念

高校所属企业，是指高校投资设立的国有独资企业、国有独资公司、国有资本控股公司和国有资本参股公司及其各级子企业。

二、高校所属企业的种类

（一）国有独资企业。指企业全部资产归国家所有，国家依照所有权和经营权分离的原则授予企业经营管理，国有独资企业依法取得法人资格，实行自主经营、自负盈亏、独立核算，以国家授予其经营管理的财产承担民事责任。国有独资企业是按照《企业法人登记管理条例》规定登记注册的非公司制的经济组织，不包括有限责任公司中的国有独资公司。

（二）国有独资公司。国有独资公司是指按照《公司法》规定，由国家授权的投资机构或者国家授权的部门单独投资设立的国有独资的有限责任公司。国有独资企业由政府出资，隶属于政府，实行政府任命或职工选举并经政府审核同意的厂长（经理）负责制，注重隶属关系；国有独资公司是以“归属清晰、权责明确、保护严格、流转顺畅”的现代产权制度为指引，建立明确的以资产为纽带的现代国有产权管理体系。

（三）国有资本控股公司。按照《公司法》成立的国有资本具有控股地位的公司，包括有限责任公司和股份有限公司。这里所称国有资本控股与《公司法》规定的控股是一致的。我国《公司法》对“控股股东”做了界定，是指其出资额占有限责任公司资本总额50%以上或者其持有的股份占股份有限公司股本总额50%以上的股东；出资额或者持有股份的比例虽然不足50%，但依其出资额或者持有的股份享有的表决权已足以对股东会、股东大会的决议产生重大影响的股东。

（四）国有资本参股公司。公司注册资本包含部分国有资本，且国有资本没有控股地位的股份公司。在股份制企业中国家参股主要是为了发挥国有经济的引导作用，当社会资本因怕承担巨大风险而观望不前时，国家可以制定比较优惠的产业引导政策，同时由国有资产出资人投入一定资本参股开发，从而引导其他资本进入该产业。

（五）各级子公司。子公司是指一定数额的股份被另一公司控制或依照协议被另一公司实际控制、支配的公司。子公司拥有自己所有的财产，自己的公司名称、章程和董事会，以自己的名义开展经营活动、从事各类民事活动，独立承担公司行为所带来的一切后果和责任，但涉及公司利益的重大决策或重大人事安排，仍要由母公司决定。

第二节

高校对所属企业经济活动应当重点关注的风险

高校对所属企业经济活动的内部控制应当重点关注以下风险：

（一）所属企业的内部控制体系不健全或者存在重大缺陷，可能导致所属企业内部管理混乱，影响所属企业正常运行，高校因此遭受经济损失，无法实现国有资产的保值增值，以及由此可能承担监管或连带责任。

（二）所属企业在资产、资金使用、工程项目、合同管理、采购等业务方面的内部控制体系不健全或者存在重大缺陷，可能发生腐败和舞弊问题，高校因此承担监管责任或承受经济损失。

（三）高校未采取切实有效措施对所属企业经济活动进行控制，或者未切实履行出资人职责，可能导致未及时发现所属企业经济活动中存在的问题，由此而承担监管责任或连带责任。

第三节

高校对所属企业内部控制应重点关注的工作

高校对所属企业内部控制应重点关注下列工作：

（一）所属企业应按法律、法规的规定建立公司章程，并按章程设立股东大会、董事会、监事会等公司治理结构，确保公司按章程运转。

（二）所属企业董事会、监事会和经理层的产生应当合法合规，其人员构成、知识结构、能力素质应当满足履职的要求。学校应向独资或控股所属企业推荐或任命符合任职条件的人选。

（三）所属企业的重大决策、重大事项、重要人事任免及大额资金支付业务等，需按章程或协议规定经董事会或股东大会决议通过方可实施。

（四）所属企业应根据《会计法》的规定建立会计机构，配备具有相应资格和能力的会计人员。内部控制关键岗位工作人员应当具备与其工作岗位相适应的资格和能力。

（五）所属企业应根据《企业内部控制基本规范》《企业内部控制应用指引》《企业内部控制评价指引》等企业内部控制规范性文件的要求，在所属企业内部全面开展内部控制规范建设。

第四节

高校对所属企业内部控制的建设要求

（一）高校应当建立健全对所属企业的管理体制和制度，明确归口管理部门及其职责，并依照有关法律、法规、公司章程或投资协议的规定，采取切实有效措施履行出资人职责，维护出资人权益。

（二）学校应当按照资产管理的有关规定，加强对学校对外投资行为的管理，建立健全学校对外投资管理决策、执行和监督相互分离、相互制约的管理体制。

（三）学校应当设立国有资产管理委员会或类似机构代表学校对所属企业行使出资人职能。应明确管理所属企业的归口管理部门及其职责与权限。应合理设置归口管理部门的岗位，确保不相容岗位相互分离、相互制约。

（四）高校应加强对所属企业负责人履职待遇和薪酬管理，建立健全对所属企业的经营考核机制，将投资的保值增值、内部控制的健全有效等作为考核的重要内容，并在业绩考核的基础上确定所属企业主要负责人的薪酬水平。

第五节

高校对所属企业管理控制的若干思考

首先，高校具有技术开发优势和资源运用优势，高校举办企业有利于教学和科研工作者得到理论同实践相结合的机会，有利于增加学生见习、实习基地，有利于驱动创新发展。所以，应当鼓励有条件的科研工作者创办企业，为推动“万众创业，大众创新”，汇聚经济社会发展新动能发挥带头示范作用，让人力资源转化为人力资本，更好地发挥我国人力资源雄厚的优势。

其次，高校是个做学问的地方，高校的教师和科研工作者思路缜密，缺乏冒险精神，同时也缺乏风险意识。高校人员创办企业或负责企业管理，一定要多学习熟悉金融、税收和财务管理知识，虚心向市场学习、向同行学习，积极主动融入经济社会发展中来。

再次，要按企业制度管理，要给予所属企业灵活政策，鼓励积极参与市场竞争，在竞争中发展、在竞争中壮大。对高校、科研院所等事业单位专业技术人员离岗创业的，可由学校同其本人签订合同，同意专业人员5年内保留人事关系，与原单位在岗人员同等享有参加职称评聘、岗位等级晋升和社会保险等方面的权利，充分释放科技人员创业潜力。

最后，学校党员领导干部未经批准不得在社会团体、基金会、企业化管理事业单位、民办非企业单位和企业兼职；经批准兼职的校级领导人员不得在兼职单位领取薪酬；经批准兼职的院系及内设机构领导人员在兼职单位获得的报酬，应当全额上缴学校，由学校根据实际情况制定有关奖励办法，给予适当奖励。

第十三章

13

高校教育基金会管理内部控制研究

第一节

高校教育基金会概念和种类

一、高校教育基金会的概念

这里所称的高校教育基金会是指高等院校经批准筹资成立，并在国家民政部门备案的法人团体。

二、高校教育基金的种类

按基金用途划分，高校教育基金会管理的基金大概可分三类：

（一）资助学生类基金。由企业、组织和热心人士捐赠指定用于资助在校学生方面的基金。如清华大学的学生培养基金（包括助学金项目、奖学金项目、校友励学金项目、国际交流基金等）；中山大学的奖助基金（包括邹鲁基金、法学院安华理达奖学金等）；广东医科大学助学基金（包括新长城自强助学金、李汉魂助学金、东莞校友助学金、唐人故里助学金、康连助学金、关工委助学金等）。

（二）学校发展类基金。由企业、组织和热心人士（主要是校友）捐赠用于支持学校发展方面的基金。如清华大学的基建基金、人才基金、院系基金；中山大学的校园建设基金、学科建设基金（如求进报社发展基金等）。

（三）校友类基金。由校友捐赠用于校友活动方面的基金。如清华大学的91级校友基金，中山大学的管理学院校友基金、旅游学院校友基金和信息科学与技术学院校友基金，广东医科大学的湛江医学科教发展促进会基金。

第二节

高校对基金会管理应当重点关注的风险

高校对基金会管理应当重点关注下列风险：

（一）运行机制不当的风险。基金会缺乏科学决策和良性运行机制，导致既定的发展目标难以实现。基金会内部权责分配不合理，可能导致机构重叠、职能交叉、运行效率低下的风险。

（二）投资决策不当的风险。资金投融资活动中决策失误，引发盲目扩张或丧失发展机遇，可能导致投资效益低下、流动性不足或资金链断裂；资金管控不严可能导致资金被挪用、侵占或抽逃的风险。

（三）管理偏离章程的风险。缺乏与学校目标一致的发展战略或因主观原因频繁变动，导致基金会发展方向偏离基金会章程规定，或出现重大失误的风险。

第三节

高校对基金会管理控制需要做好的重点工作

一、抓组织机构和运行管理

（一）基金会除按国家法律法规接受监督检查外，还应接受主办高校的管理和监督。基金会所属的分支机构、代表机构、专项基金以及各项业务活动应统一管理。

（二）基金会应根据国家有关法律法规制定章程，设立理事会和秘书处，由学校提名理事长，并推荐理事、监事，明确各自的职责。

（三）基金会应设立单独的财务机构，配备具有专业资格的财务人员，接受业务主管单位和学校财务、审计部门的业务指导和监督。

（四）基金会业务规模较小的高校，可由学校财务部门代理基金财务收支和登记工作，但应有专人、专门银行账户和会计账簿核算基金的收支业务。

（五）基金会的重大决策、重大事项、重要人事任免及大额资金支付业务等，应实行集体决策审批或联签制度；严格执行不相容职务分离制度，确保可行性研究与决策审批、决策审批与执行、执行与监督检查的分离，有效控制各类风险。

（六）学校在职人员担任基金会理事、监事或在基金会任职的，履职情况和效果应当纳入学校人员绩效考评范围。

二、抓筹资业务管理

（一）基金会应当根据已定的战略目标和发展规划制定筹资方案。接受的捐赠收入必须确保其公益性，严格区分交易收入和捐赠收入。严禁将属于高校的教学科研等事业收入转为基金会捐赠收入。

（二）基金会接受捐赠过程中，如果涉及学校建筑、设施、场所的冠名事项以及学校内部机构冠名事项，应当获得学校批准。

（三）基金会获得的各类收入应当及时足额地纳入账户核算。基金会接受现金捐赠，收款和开票工作应当由两人以上分别承担，所收取的现金应及时入账；取得的非现金资产，应配备专人进行登记和管理，需要移交其他部门使用保管的应及时办理移交手续，做到账实相符、账表相符。

三、抓投资业务管理

（一）基金会应当建立规范的投资决策议事规则，投资计划必须经过理事会决策，投资结果必须向理事会汇报，投资责任由理事会承担。

（二）基金会应当建立健全重大投资项目审批制度，关注投资风险，合理确定投资规模和投资结构。

（三）基金会应指定专人对投资项目进行跟踪管理，关注被投资方的财务状况、经营成果以及投资合同的履行情况，发现异常情况应及时报告并妥善处理。

四、抓信息公开与监督

（一）基金会应建立健全审计制度，每年必须接受外部审计，并根据审计意见调整内部控制制度。

（二）基金会应推动分支机构、代表机构的内部控制制度建设，确保内部控制体系的健全性和有效性。

（三）基金会应按规定向理事会和学校报送并向社会公开经过审计鉴证的年度财务报告。

（四）基金会在接受社会审计过程中发现的重大问题，应当及时向理事会和学校报告，并及时整改。

第四节 高校基金会管理控制的若干思考

一、我国高校社会捐赠还有很大的提升空间，高校应该积极做好捐赠培育工作

国外知名大学，每年都有许多校友捐款，回馈母校，支持学校发展。学校接受包括校友在内的捐款比例占学校财政来源的40%以上。《中国教育经费统计年鉴》的数据显示，中国高校在2012—2014年获得社会捐赠收入占总收入的比例，仅分别为2012年的0.52%、2013年的0.53%和2014年的0.46%，统计表明，我国高校接受社会捐赠金额不足学校财政来源的1%。当前我国高校的主要资金来源依然依靠国家财政拨款（占60%）、学费和住宿费（30%）。与国外大学相比，我国高校社会捐赠应该还有很大的提升空间。

耶鲁大学前校长莱文是这样定义自己的身份的："校长作为一个职业，职能就是找钱和找人。"国外大学得到校友高额回报的法宝就是注重经营与校友的长久关系。在美国高校所获得的捐赠资金中，来自校友个人的占近30%，一些公立高校甚至达到70%，被视为大学最有潜力可挖的"大金矿"。国外大学"放长线钓大鱼"，十分注重对校友的长期感情投资。如哥伦比亚大学制定"十四年计划"，即从学生入学开始，就把他们当作学校的"潜力股"来对待，然后在其本科四年毕业后的十年时间里，不间断地给校友提供职业上的支持和帮助，以期将来获得

回报。中国电子科技大学1986级校友熊新翔给母校捐款10.3亿元设立“博恩教育发展基金”时说了一句话：“我对电子科技大学的一草一木都是有感情的，每当回想我的大学时光都感觉很温暖！”熊新翔表示，母校在他心目中占据着十分重要的地位。随着我国经济在国际影响力的不断提升，校友和社会热心人士对高校的捐赠能力将会不断增强，向大学捐赠的数额将会越来越大。

二、高校接受的捐赠资金不同于一般的财政拨款，高校应该做好捐赠资金的理财增值工作

国外高校的捐赠基金往往会有专人打理，进行稳健的投资管理，因而通常不需要运用本钱，而是把日益增加的本金（每年有捐赠）通过投资理财让其保值增值。耶鲁大学的捐赠基金是管理得最好的基金之一，其市值在30年里增长了11倍之多，从1985年的近20亿美元增长到2014年的238.95亿美元。美国排名前10位的研发型大学，通常都有价值几百亿美元的捐赠发展基金。这么大的盘子，除了靠校友捐赠，主要靠专业化投资管理，靠长期稳健回报。

中国的大学基金会目前主要设置在外联处、校友会等机构之下，从业人员普遍缺乏投资理财专业知识，未能很好地对大学基金进行拓展、管理、保值增值。国内大学校长大都特别害怕担当责任，担心会因为投资失误招致问责。所以国内大学利用捐赠资金进行长期投资理财的积极性并不高，捐赠资金自我增长的能力相当弱。事实上，高校接受的捐赠资金不同于一般的财政拨款，国家并没有将其投资理财的路口封死，高校应当引进善于投资理财的人才经营管理好基金会，保持基金雪球越滚越大。

三、高校社会捐赠资金的使用需要公开和透明，接受社会和捐赠者的检查监督

首先，要真心对待学生。一名大学生在校四年求学期间，如果没有得到大学货真价实的教育，感觉到大学在赚自己的钱，而且对自己又非常冷漠，那么离开学校的时候，学生就不会对母校有深刻的认同。所以不少大学非常注重学生的伙食、居住、学习环境的改善和服务工作，安排班主任、辅导员同学生进行深切的情感交流，毕业时馈赠纪念品（如深圳大学），让学生带着母校的期盼，带着母校的关怀走向社会，并且在工作当中遇到困难时，仍然可以得到老师的指导和校友的关心。所以母校必须真心对待自己的学生，让学生感受到学校的恩惠。

其次，要真诚对待校友。国内有一所著名大学在一次校庆时号召校友认捐

礼堂座椅，每个估值2万～5万元，这样的座椅一共有4000多个。看到这样的单价估算，不少校友都觉得学校是在忽悠，这种常人都能看出的错误居然在大学里出现，学校的诚意何在？这样的估算怎么取得校友的信任？！国内不少高校习惯于在校庆等庆典活动时派出老师向校友募捐，搞“短线操作”。由于募捐方案粗陋，捐款使用情况不明晰，加上校友回校参加庆典时又没人招待，募捐承诺没有兑现，譬如：认捐楼房命名问题、捐款名册印发问题、庆典纪念品派发问题，由于缺少专职部门的长期跟踪，令每次校庆的募捐承诺最终都无法如期兑现，长此以往，学校在校友中的威望必将荡然无存。因此，学校应该通过学校网页或其他方式主动公开校友捐赠取得、使用和审计情况，对照募捐倡议落实捐赠承诺，言出必行，让捐赠者看到学校的诚意。

第十四章

14

高校后勤服务管理内部控制研究

第一节

高校后勤服务管理的概念和种类

一、高校后勤管理的概念

这里所称的后勤管理是指高校的饮食、住宿、水电、园林绿化和环境卫生等后勤保障和服务板块的管理。

二、高校后勤服务管理的种类

按服务性质分，可分为饮食服务、住宿服务、水电供给、园林绿化、卫生保洁；按管理方式分，可分为自主服务、外包服务。

第二节

高校后勤服务的主要风险

（一）对外包单位资质调查不深入，不充分，实际服务质量未能达到当前设定的资质要求的风险。

（二）对外包单位的监管不细致，不到位，承包单位岗位人员配备不足、投入不足，出现虚报冒领的情况。

（三）高校自营管理负责人管理不到位，采购工作不细致，采购成本未能得到有效控制，导致伙食价高质差的风险。

（四）高校自营管理人员工作责任心不强，工作未能按规定的程序进行操作，导致食物中毒或其他事故的风险。

第三节

高校后勤服务风险防控措施

一、自主服务的管理控制措施

（一）成立集团公司，实行公司化管理。成立后勤服务公司，按公司体制进行运作。建立公司各项管理制度，实行成本核算。赋予公司一定的人事招聘权、管理权、财务权，实行成本核算。合理设置工作岗位，明确岗位工作职责，加强队伍思想教育，严明组织纪律。在人力成本、材料消耗成本得到合理控制的情况下，做到经济效益和社会效益双丰收。

（二）赋予公司职能，明确考核目标。学校将服务范围、服务要求、考核目标以及奖罚规定通过合同方式委托给集团公司，在合同授予的范围内，由公司自主经营，自我管理，自我约束，接受学校指定的管理部门管理，接受学校财务、审计、监察、纪委、工会和学生组织等部门的监督管理。

（三）健全管理制度，严堵管理漏洞。由公司按照《企业内部控制规范》《行政事业单位内部控制规范》制定系列规章制度，提交学校审定执行。安排品德好、觉悟高、追求进步的同志担任项目负责人或物资采购，要求采购人员采购“物美价廉”物资，做好采购物资的验收、保管和出库管理，切实搞好成本核算和管理工作，严堵管理漏洞。

（四）明晰工作规程，增强员工责任感。按照卫生防疫要求布局食堂工作间的功能区域，坚持做到生熟物品分区操作，青菜清洗严格做到“一泡二漂三洗”，定期清洗水池，做足防鼠、防苍蝇、防蟑螂和防污染措施，定期检查线路开关，保证水电工作的正常运转。

（五）定期召开总结会议，调动员工工作积极性。首先是要定期召开总结会议，传达学校要求和服务对象的意见，商讨改进办法，调动员工当家做主的积极性；其次是要定期接受学校内部审计部门的财务收支、经济责任等专项审计，增强员工工作责任感；再次是要认真落实审计整改要求，不断完善内部控制建设，提高服务质量。

二、外包管理服务控制的风险防控措施

（一）经常检查人员投入是否符合合同规定。在外包合同上必须明确外包服务的工作范围、工作职责、岗位人员数量和质量的要求，并规定外包单位向学校的后勤保卫部门提交岗位人员配备及个人信息资料，随时接受学校相关部门的检查核对，防止服务岗位人员数量以少充多、质量以次充优，以便保证岗位人员的数量和质量符合合同规定。

（二）经常检查设备投入是否符合合同规定。在外包合同上必须明确外包单位需要投入的设备数量和质量要求，并规定外包单位每月都要向学校的后勤部门报送一份设备数量和质量变动报表，随时接受学校相关部门的检查核对，防止设备不足和陈旧老化，降低服务水平。

（三）经常检查材料投入是否符合合同约定。在外包合同上，必须明确外包单位投入的材料品种和单价需求，并规定外包单位每月都要向学校的后勤部门报送一份材料购进和领用报表，接受学校相关部门的检查核对，防止投入不足和材料质量以次充优现象的发生。

（四）经常检查制度建设是否符合合同约定。在合同上要强调外包单位建立健全岗位责任制，包括人员招聘、考勤制度及劳动纪律等，做到“制度管人，流程管事”，接受学校相关部门的检查核对。后勤主管部门要及时将学校的管理要求传达给各外包单位，保证学校的管理要求能够贯彻到外包服务的所有领域。

（五）组织人员定期评价外包服务质量。所有外包服务都要接受学校的综合评价。首先是由后勤管理部门设立服务投诉电话，安排专人做好投诉及回访记录。其次是每月由后勤主管部门组织财务、工会、学生管理以及学生代表，对外包服务进行考核扣分，提出整改要求，并做好跟踪整改的落实情况。

（六）开展外包服务合同审计。首先是由外包单位提交自查报告，然后是由学校审计部门派出审计小组，对外包合同的执行情况进行审计。审计期间发布审计公告，设立审计专用信箱，接受投诉，审计结束后公示审计结果，强化审计结果运用，促使学校的后勤管理部门和外包服务单位加强管理，完善内部控制，提高服务质量。

第四节
高校外包服务管理控制的思考

一、后勤服务工作人员不能坐在办公室里管理服务，要深入工作区域管理和服务

管理的目的在于做好服务，管理服务都需要深入基层，掌握第一手资料，“没有调查研究就没有发言权”这句话告诉我们深入基层的意义和作用。在学校里，后勤工作涉及面广，工作琐碎，只有靠前指挥，才能更好地解决问题，提高服务质量，所以，同其他机构的人员相比，后勤管理服务队伍的人员不能坐在办公室内按部就班，圈阅文件，只当传话筒，还要当好“巡视员”“验收员”，所以后勤服务人员一定要“脚踏实地”地干，要“撸起袖子加油干”，“饭热菜香、价格适宜、干净卫生、热情服务”是用“披星戴月”的勤劳换来的。

二、外包服务不能“以包代管”，外包服务管理也需要思想教育和审计监督

20世纪90年代，在进行后勤社会化改革时，个别高校领导认为后勤工作社会化后，学校就可以将一些事务性工作交由外包公司处理，学校领导可以从繁杂的事务堆中解脱出来，专心致志地搞好教学和科研工作。事实上，这种想法未免过于天真和单纯。不少高校的饮食、物业被承包后，学校的经济付出并未减少，服务队伍的精神面貌和服务水平也并没有得到很好的改善和提升，反而出现“老弱病残”的门卫、“表情猥琐”的宿管和“留着长头发”的厨师。因此，高校的服务工作不可以包代管、一包了之。不论采取何种管理方式，高校管理工作者都必须牢牢记住“一切为了学生”的服务宗旨，为学生的健康着想，为学生的安全着想。

第五节

高校外包服务管理控制的案例分析

案例一：教学楼负一楼楼道口垃圾成堆，是谁的责任?

某校的校园卫生由社会物业公司承包，学校每年付给物业公司承包费450万元（包宿舍门卫服务、园林绿化服务、校园卫生服务）。承包后行政办公楼、学校主要校道的卫生确实不错，但教学楼负一楼楼道依然污垢斑斑，各种各样的垃圾堆积在楼口道上，令人望而生畏，那么，谁该为此承担责任呢?

首先，外包服务单位应该承担服务不到位的责任。外包单位应当清楚服务区域，应将服务区域细分到每个班组和每位服务人员，应主动检查督促每位服务人员做好承包区域的卫生打扫工作，避免出现卫生“死角”。

其次，学校的后勤部门应该承担监督不到位的责任。管理人员应当深入学校的每个角落，做好监督检查工作，避免某些地方成为“被遗忘的角落”。

再次，教学楼使用单位应当承担管理不到位的责任。按照“一岗双责”的要求，教学部门既是教学工作者，也是卫生责任的履行者，教学单位应当承担起卫生爱护者和管理者的责任。

案例二：树木长期长不大，出现树木病死的现象，责任应该由谁承担?

某校的园林绿化养护工作交由物业公司负责，校内某些板块的树木长期长不起来，甚至还出现被白蚁啃咬导致枯死的现象，对此，责任应该如何划分?

首先，在园林绿化上，学校应当明确物业公司的职责范围，如：松土、浇水、施肥、除虫，每年应该投入多少费用，绿化维护工作应该具体化、目标化，做到管理有依据、评价有标准。

其次，学校的后勤管理部门应当指定园林绿化管理人员，对物业公司的园林绿化工作进行日常的检查督促，做到管理有措施，监管有反馈。

再次，遇有病死树木的情况时，应追究物业公司的管理责任，物业公司应该给予经济赔偿或负责更换同样大小、同样品种的树木，强化管理责任。

第十五章

15

高校经济活动信息化管理内部控制研究

第一节

高校经济活动信息化的概念及分类

一、高校经济活动信息化的概念

这里所称经济活动信息化，是指高校运用现代信息技术手段，将经济活动的主要流程、关键环节嵌入学校管理信息系统，减少或消除人为操纵因素，实现对经济业务和与经济业务相关事项的风险更有效控制的过程。

二、高校经济活动信息化的分类

（一）财务信息。包括预算信息、会计信息、部门经费信息。

（二）人事信息。包括人员信息、薪酬信息。

（三）教务信息。包括学生信息、学费信息。

（四）科研信息。包括项目信息、经费使用信息。

（五）资产信息。包括各类资产的存量、增量和减量信息。

（六）采购信息。包括招标信息、中标信息。

（七）合同信息。包括合同会签信息、合同履行信息、合同办结信息、合同归档信息。

（八）审计信息。包括在线审计信息、审计结果公示信息、接受来访信息。

第二节

高校经济活动的信息化管理应当重点关注的风险

高校经济活动的信息化管理应当重点关注下列风险：

（一）与经济活动相关的各信息系统间缺乏统一规划和归口管理，缺乏有效整合，存在重复建设或信息空白区域，导致管理效率低下的风险。

（二）与经济活动相关的各业务信息系统的实施与内部控制流程结合不紧密，权限设置与授权管理不当，可能导致无法利用信息技术实现对经济活动的有效控制的风险。

（三）与经济活动相关的各信息系统间业务协同程度低、缺乏基础数据的标准化，造成数据无法共享，影响数据分析的准确性，可能导致决策失误、相关管理措施难以落实的风险。

（四）信息系统的安全保障不到位，可能导致信息泄露或毁损，系统无法正常运行，影响高校经济活动正常开展的风险。

第三节

高校经济活动信息化管理风险防范措施

信息与沟通，从某种程度上可以看作是内部控制的神经系统[①]，在高等院校中，不论是信息收集，还是信息公开与利用，都离不开信息系统的建设与管理，因此，高校经济活动信息化管理风险防范显得尤为重要。

一、加强岗位设置和职责管理

（一）高校经济活动信息化建设应纳入学校管理信息系统统一规划，对各类经济活动涉及的信息系统实施归口管理。归口管理部门应在学校信息化总体规划的框架下，负责完成不同经济活动信息系统间的协同建设、对接与整合工作。

（二）高校应设立专门的信息化技术支撑部门，具体负责与经济活动相关的各类信息系统的开发、运行、维护和安全保障。负责建立统一规范的数据共享平台，负责统一与经济活动相关信息系统间的数据标准，实现各系统间数据共享。

① 白小刚.企业失败与内部控制建设[M].北京：航空工业出版社，2013：29.

（三）高校经济活动涉及的财务、人事、教务、科研、资产等主要业务管理部门具体负责本部门信息系统建设、实施和维护；并负责将本部门信息系统纳入归口管理部门的统一管理与协调之内；保证本部门涉及的数据和接口符合标准化要求。

（四）高校在经济活动信息化建设中，应明确不相容部门的职责，建立归口管理部门、技术支撑部门、业务管理部门相互合作与制约的工作机制。

（五）高校经济活动信息化建设工作中，信息系统规划论证与审批、运行维护与系统监控、系统设计开发与系统验收等为不相容岗位。不相容岗位实行分离管理。

二、加强标准化建设管理

（一）高校应当规范各类经济活动的业务流程，理清业务流程所涉及的岗位职责，同时兼顾成本与效益原则，将业务流程的关键环节合理地嵌入信息系统中。

（二）高校信息系统归口管理部门应当制定统一的数据共享与交互标准。各经济活动信息系统应当按统一标准建设以实现数据共享与交互。对于时效性要求较高的数据，应当采用实时共享或交互模式，并加强其准确性管理，发生错误时应及时有效地纠正。

（三）高校经济活动信息化过程中，相关部门及人员应当在业务流程中严格按照自身岗位操作规范要求，遵守相关业务流程标准及数据标准，并承担相应的责任。

三、加强系统规划与设计开发管理

（一）高校应当从全局角度对经济活动（包括资产、财务、审计、采购、基建、工程、合同等）的信息化建设进行整体规划，充分考虑经济活动内部控制环节及未来业务发展变化，在整体框架下，进一步优化已有信息系统，及时开发业务需要的新系统，实现不同系统间的信息共享，提高工作效率，防范风险发生。

（二）高校开发经济活动信息系统，可以采取部门自行开发、校内多部门联合开发、直接外购商业软件、委托外单位定制开发等方式。高校应当充分评估选定方式的开发及维护风险，并做好风险处理预案。选定外购商业软件、委托外单位定制开发方式的，应当按规定择优确定供应商或开发单位，并通过合同协议明确受托开发单位的责任要求。

（三）高校应当建立信息系统验收及上线运行机制。高校应组织专家评审小组联合经济活动相关业务部门对信息系统进行测试、评估、验收。涉及新旧系统切换的，应制订详细的数据迁移计划，建立应急预案，确保新旧系统顺利切换和平稳衔接。

（四）高校经济活动相关业务部门应对经办人员进行全面的培训，以保证数据录入的真实性、及时性和完整性，避免人为操作风险。

四、加强系统运行与维护管理

（一）高校应根据业务性质、重要性程度、涉密情况等确定信息系统的安全等级，建立不同等级信息的授权使用制度，实行严格的授权管理、授权申请及审批。各岗位权限应合理控制并相互制约，严禁设置全功能的超级用户，严格控制系统维护的临时用户。所有操作人员应在权限范围内进行操作，并对本人的账号、密码严格保密。

（二）高校应建立技术支撑部门和业务管理部门两级维护机制，对信息系统进行定期维护。技术支撑部门负责信息系统的一般维护，及时对计算机硬件和通信设备进行检修，积极采取预防性措施，确保系统运行环境的稳定性。业务管理部门负责系统数据的更新和检查，确保数据的及时性、准确性和完备性。建立定期维护制度，并做好运行维护记录和应急事故处理记录。

（三）高校经济活动信息化建设应根据学校经济活动实际管理和相关部门业务变更等要求及时进行升级改造。升级改造需注重实用性和兼容性，避免出现各部门重复建设的浪费现象。

（四）高校应运用信息化管理工具对系统的合理性、数据的准确性、操作的规范性进行监控和反馈。系统升级改造、数据更新和有关经济活动关键环节的系统操作应当自动保存不可删除的可追溯的记录。

五、加强安全保障管理

（一）高校应当建立服务器托管机制，设立统一集成的服务器管理中心，由技术支撑部门负责统一管理和维护。经济活动相关的各业务部门负责维护本部门的客户端机器及相关设备，确保相关物理环境能够达到要求，并指定专人负责检查和及时处理异常情况。

（二）高校应明确数据备份范围、频度、方法、责任人、存放地点、有效性检查等内容，根据各类经济活动的业务要求选择适当的备份频率备份系统数据，备份周期最长不得超过一个月。备份数据应当做到异地存放，责任人应当定期检查备份数据是否正常可用。

（三）高校应适当建立局域网运行环境安全管理机制。保密要求较高的信息系统，应当通过相对独立的局域网运行，严格管理局域网内的服务器、客户端、网络设备等相关硬件，不得安装接入与信息系统无关的软硬件设备，并定期检测局域网内病毒等恶意软件。

（四）高校应当建立有效的网络安全机制。可以利用防火墙、路由器等网络设备，使用访问授权控制等方式，加强网络安全。在符合保密规定前提下，可以引入拥有相关资质的第三方专业机构对高校网络安全进行定期检测。

（五）对于通过网络传输的涉密或关键数据，高校应当通过加密验证等方式，加强各部门间数据共享接口的安全管理，防止相关数据接口被非法访问，确保信息传递的保密性、准确性和完整性。

第四节

高校经济活动信息化管理控制的思考

（一）高校建设信息系统，既可以解决校区距离远造成人与人之间交流不便问题，又可以解决非工作时间自主查阅相关信息问题，信息颠覆了传统管理，高校各部门都应该支持学校信息建设，全校职工都应该学习、熟悉和运用信息，提高办事效率。

（二）高校的信息建设和管理都应归口到信息管理办公室，应当按照“全面规划，分步实施，信息共享，运行稳定”的原则逐步推进经济活动信息系统建设，做到建设有序，管理有效。

（三）高校应根据事业发展需要，全面评估经济活动各环节的信息化程度，统筹规划，有序开发，将经济活动及其内部控制流程全面嵌入信息系统；制定符合内部控制要求的标准化规范，促进业务协同，确保内部控制环节健全，内部控制流程通畅。

（四）全校经济活动信息化后，全校所有的经济活动信息都会在学校信息技术高人面前变成一个裸体人，学校的信息管理部门必须建立健全技术信息保密制度，同每一位信息技术人员签订信息保密条约，定期检查评价安全保密措施的有效性，保证经济活动信息运转正常。

第十六章

16

高校专项财政拨款管理内部控制研究

第一节

高校专项财政拨款的概念及分类

一、高校专项财政拨款的概念

这里所称的财政专项拨款，是指高校用中央或省市财政部门安排给高校改善基本办学条件、开展教育教学改革及基本科研业务、建设高水平大学（学科）和特色发展等专项经费拨款。

二、高校专项财政拨款的种类

以广东省为例，当前广东省的专项财政拨款包括：

（一）创新强校建设经费。

（二）高水平大学建设经费。

（三）高水平理工科大学建设经费。

（四）应用型本科高校建设经费。

（五）其他专项拨款如灾后重建经费。

第二节

高校专项财政拨款管理应当重点关注的风险

高校专项财政拨款管理应当重点关注下列风险：

（一）在项目立项阶段，因立项程序不合规，项目论证、预算评审不充分，决策程序不合规等因素，导致项目重复立项，资金重复配置，或应纳入财政专项资金支持的项目未及时列入，无法实现项目的预期建设目标。

（二）在项目执行阶段，因违反制度规定，擅自变更项目内容、未按规定管理与使用专项资金或挪用资金，导致检查与验收不合格的风险；因项目执行不力，进度缓慢，导致项目资金不能按期使用的风险。

（三）在项目验收阶段，因项目验收与绩效评价操作不规范、不严格，导致未达到绩效目标的风险。

第三节

高校专项财政拨款管理风险防控措施

一、加强岗位设置和职责管理

（一）高校应当建立健全财政专项项目决策、执行与监督相互分工、相互制约的管理体制。按照不同类型项目的特点与建设要求，明确各类项目的归口管理部门及其管理范围和职责。

（二）高校应当建立健全项目关键岗位管理制度，按照不相容岗位分离原则合理设置岗位。项目管理的不相容岗位包括：项目立项与决策、预算编制与审核、项目招标与采购、项目实施与款项支付、项目验收与评价等。

二、加强项目立项管理

（一）高校应当建立健全项目立项管理制度。根据学校事业发展规划，结合各类财政专项资金投入方向，科学规范项目设置，避免重复立项与重复建设。应明确各类项目建设内容、建设重点，明确项目申请、评审、立项和审批程序。

（二）高校应当建立项目评审制度，项目归口管理部门应当组织校内外专家，或委托具有相应资质的专业机构对拟立项项目进行论证与评审，并以此作为项目决策的重要依据。

（三）高校应当健全与项目相关的议事决策机制，按照规定的权限和程序对项目进行授权决策，重大项目的立项，由学校集体研究决策。严禁任何人单独决策或者擅自改变集体决策意见。项目决策失误应当实行责任追究制度。

（四）高校应当建立项目库管理制度，经立项、评审、决策的项目应当按要求纳入项目库，项目库实行动态管理，建立项目清理与退出机制。各高校应根据年度工作计划，按轻重缓急择优遴选，进行合理排序。

三、加强项目实施管理

（一）高校应当加强对项目实施过程的监控，各归口管理部门应加强人员配备，保障资金，落实责任，积极跟踪和推进项目实施进度，确保项目按时实现预定的建设目标。

（二）高校财务管理部门应当按照项目批复及时下达预算，加强项目预算控制，确保支出内容与项目内容的一致性。防止截留、挪用和超预算、超批复内容使用资金。

（三）高校应当建立健全项目管理机制，在项目实施过程中，如发生项目变更、终止的，必须按照规定的程序报批，并根据批复进行相应的调整。重大的项目变更应当按照项目决策和预算管理的有关程序和要求重新履行审批手续。

四、加强项目绩效评价管理

（一）高校应当按规定制定项目绩效评价实施办法，做好项目绩效评价工作，并注重对评价结果的应用，建立追责问责和奖惩机制。

（二）高校应当制定项目绩效评价结果的信息公开制度，将项目绩效评价结果在一定范围内公开。

五、加强监督检查与验收管理

（一）高校应当建立健全项目的监督检查和验收制度，对项目实施的全过程和完成结果进行监督、检查与验收。

（二）高校应按规定建立项目档案管理制度，及时收集、整理项目立项、论证、中期检查与项目验收、绩效评价等各环节的文件资料，保障项目档案的完整性、规范性。

第四节

高校专项经费管理控制的思考

（一）高校专项拨款是在生均定额拨款的基础上的再拨款，年度专项拨款具体金额和到账时间具有不确定性，因此专项拨款在年初的时候往往是难以确定的，不好纳入学校的财务预算统筹安排，容易出现某些部门或某些项目在年度正常预算的基础上又再得到一项专项安排。

（二）高校财务部门需要在年度预算编制之前对年度的专项拨款做出全面研判。在年度预算安排之后，某个单位或某个项目一旦获得专项拨款，财务部门应当及时对其正常年度预算做出合理调整，保证资金安排合理，调整及时，管理到位，使用有效。

（三）高校的专项拨款必须专款专用，不可挪作他用。高校领导对专项拨款具有支配权，但不能搞“近水楼台先得月”的照顾，优先考虑熟悉学科发展的人才，在“扶强扶优扶特”的基础上，必须对全校的整体发展全面布局、全面负责。

（四）专项经费不同于日常经费，不能用于发放人员薪酬，不能用于改善职工福利。专项经费也不同于一般的科研经费，不可用于一般课题研究，专项经费主要用于学校的硬件建设，用于提高教学和科研水平。高校必须按照拨款部门的要求分配使用专项经费。建立绩效评价指标体系，定期组织专家人员对专项经费的分配、使用和绩效情况进行评价，保证专项资金的管理使用符合拨款要求。

（五）高校应当建立健全各类财政专项项目的管理体制与制度，全面梳理各个环节可能存在的风险点，规范项目立项、项目建设、项目验收与项目绩效评价等环节的工作流程，强化项目全过程监控，确保项目建设取得成效。

第十七章

17

高校建设工程项目内部控制研究

第一节

高校建设工程项目的概念及管理部门

一、高校建设工程项目的概念

高校建设工程项目，是指高校的基建工程项目和修缮工程项目。具体包括房屋、建筑物的新建、扩建、改建，维修、装饰、安装、道路、绿化、运动场地、通信及网络等工程。高校建设工程项目资金来源包括国家拨款、单位自筹和接受捐赠等。

二、高校建设工程项目的主管部门

高校建设工程项目的主管部门有：省发展改革委员会（负责投资立项审批）、教育厅（负责投资立项审核）、高校所在地（市）建设局（负责省下放的投资立项审批和工程业务管理）。

高校内设的基建处（也有的高校后勤和基建合并设置为后勤基建管理处，广东省普遍采取这种形式）负责基本建设业务的实施管理工作。

在建筑市场，高校基建工作正在向项目法人责任制、招投标制、工程监理制和合同管理制等工程管理推进。作为建设项目的投资主体，高校既是资金支配者，也是建设项目的管理者，按照项目法人责任制的原则，他不仅要对项目建设过程负责，还要对项目建设成败和后期使用负责。

第二节

高校建设工程投资立项阶段可能存在的风险及应对措施

表17-1 高校建设工程项目投资立项阶段可能存在的风险及应当采取的措施

序号	可能存在的风险	应当采取的预防措施
1	由于对项目建议书的论证不充分，可能会造成拟建项目的建设规模、建设功能不符合实际需求的风险。	基建部门、审计部门在会同使用单位人员对项目建议书进行论证时，必须做到： （1）在充分调查的基础上提出项目建议书，就建议书的内容向广大职工征求意见； （2）邀请专业人士参与论证，听取专业人士对建设功能方面的意见。譬如：建设灯光球场时，要邀请体育老师参与论证，建设实验动物中心时，要邀请实验室和动物中心人员参与论证。
2	由于可行性报告或项目申请报告编制依据不真实，可能会造成项目建成后效益难以达到预期目标的风险。	基建部门在会同学校发展规划部门和审计部门的人员对可行性研究报告或项目申请报告的真实性进行审查时必须做到： （1）仔细分析拟建项目是否符合学校基本建设的总体规划； （2）仔细分析拟建项目是否符合学校事业发展长期规划。
3	由于可行性报告或项目申请报告不完整，可能会带来项目建设过程被责令停工的风险，如未经环评通过就立项建设。	基建管理人员在会同法律顾问对可行性报告或项目申请报告的完整性进行审查和评价时必须做到： 对照基本建设文件要求，仔细检查可行性报告或项目申请报告的完整性，并对拟建项目的周边环境进行调查，预测周边的发展趋向。
4	由于可行性报告或项目申请报告不科学，可能会造成建设项目半途停工整顿，造成经济损失，或投入使用后无法达到预期目标的风险。	基建部门在会同法律顾问对可行性报告或项目申请报告的科学性进行审查评价时，必须做到： （1）对照国家和上级主管部门基本建设方面的文件要求，对可行性研究报告的内容进行仔细推敲，对项目申请报告编制机构的资质及评审专家的专业结构合理性进行分析； （2）将拟建项目与其他单位已经竣工使用的相似项目进行对比，对比有关经济指标和投资预算的差异情况，据此对拟建项目可行性报告的科学性进行评价。

（续上表）

序号	可能存在的风险	应当采取的预防措施
5	由于资金来源无法保证，可能会导致建设工程无法如期完成，导致经济纠纷的风险。	内部审计部门务同财会部门人员对建设项目的资金来源进行审查时必须做到： （1）对建设资金的筹措安排、投资估算、偿还能力进行充分的计算和深入的思考； （2）邀请银行专业人士对单位的融资能力进行预测，对国家金融政策走向进行研讨，在确定没有风险的基础上启动工程建设立项。
6	由于项目决策失误，可能会招致经济损失、领导被问责的风险。	内部审计部门会同法律顾问、基建管理部门对建设项目的决策情况进行审查时必须做到： （1）对照国家和上级主管部门印发的基本建设文件了解本项目决策的规定要求； （2）经过比较多个方案之后采取集体讨论的方式进行决策。

第三节

勘察设计阶段可能存在的风险及应对措施

表17-2 勘察设计阶段可能存在的风险及应对措施

序号	可能存在的风险	应当采取的预防措施
1	由于委托勘察的范围与批准的可行性研究报告或已核准的项目申请不一致，可能会导致因扩大或缩小勘察范围而造成勘察成本加大或勘察样本不达标的风险。	基建管理部门组织人员对委托勘察的范围进行对比分析时必须做到： （1）认真阅读可行性研究报告，精准掌握已核准项目的勘察范围； （2）委托勘察的范围必须保持在批准的可行性研究报告或已核准的项目勘察范围之内。
2	由于选择勘察单位的招标方式不合规，可能会导致因为招标投标违规行为而遭受主管部门的行政处罚或引发经济纠纷。	基建、招投标和审计部门人员都要对基本建设招标方式的合规性负责，必须做到： （1）认真查阅建筑行业招标文件规定的招标方式要求，吃透文件精神； （2）对照规定同时提出本项目应该采用的招标方式和本项目不能采用的招标方式。

（续上表）

序号	可能存在的风险	应当采取的预防措施
3	由于选择勘察单位的招标程序不合规，可能会出现拆标、串标、围标等违规行为，导致选择的勘察单位不理想的风险。	基建、招投标人员在考虑招标程序时，必须做到： （1）学习了解主管部门对勘察单位招标方面的有关文件要求，对照规定选择本工程项目的投标程序； （2）对报名参加投标的单位进行资质审查，审查有无超越资质等级范围或借用其他勘察单位的名义参与投标，并及时阻止这些单位参与竞标。
4	由于设计方案的选定不合理，可能会导致技术落后，设计没有创意，与学校教育主题以及学校整体风格不匹配，设计过于夸张，浪费学校的建设资源的风险。	基建管理部门、审计部门在选定设计方案时，必须做到： （1）要在多方竞争或多个方案评选优化的基础上确定设计方案； （2）设计方案应当体现技术先进、经济合理的要求； （3）选定的设计方案必须符合可行性研究报告或项目申请报告的标准和规模。
5	由于合同约定内容不全面，可能导致合同未对材料变更、设计变更或其他不可抗力等事项做出清晰的约定而造成合同执行难，甚至引发经济纠纷的风险。	合同经办部门和审计部门对合同的约定条款进行审查，同时必须做到： （1）合同的主体必须合格，合同的内容不能有悖招标文件实质性内容，合同必须明确规定协作条款和违约责任条款； （2）查阅物价文件，了解勘察设计行业规定的收费标准，对本地的勘察设计市场进行调查，分析中标单位给予的下浮优惠是否符合当前的市场行情（当前市场一般可以按行业标准下浮20%）。
6	由于对施工图纸会审不细致，可能会导致设计缺陷未能在施工之前发现并及时纠正，结果拖延了工程进度，增加工程签证数量并推高工程成本的风险。	明确施工图纸的会审要经过内部工程管理人员初审和外部专家会审两个步骤，多重把关。同时做到： （1）施工图纸设计要符合限额设计的要求； （2）按照批准的初步设计原则、范围、项目及投资额进行设计； （3）基建管理人员完全清楚施工图纸的设计细节，确信没有缺陷之后才提交施工招标。
7	由于初步设计管理不到位，可能会导致设计标准不符合预定要求，概算编制偏高，造成工程造价失控，或概算编制偏低，影响工程质量和增加工程结算难度的风险。	基建部门和内部审计部门对设计方案和概算进行审查和评价。同时做到： （1）初步设计方案必须依据经批准的可行性研究报告，概算不能超过已核准的投资估算； （2）初步设计质量必须符合决策要求，设计标准和装修标准必须符合预定要求； （3）概算编制要准确，方案要全面，经济评价要合理； （4）设备投资要合理，主要设备价格要符合当前市场价格； （5）修正概算的依据必须合规、有效，内容要完整，数据要准确。

第四节

施工准备阶段可能存在的风险及预防措施

施工准备阶段的工作主要包括：工程项目建设前期的征地、拆迁、施工组织、监理、设备材料采购的招投标等各环节的管理工作。施工准备阶段可能存在的风险及应当采取的预防措施可见表17–3：

表17-3　施工准备阶段可能存在的风险及预防措施

序号	可能存在的风险	应当采取的预防措施
1	由于征地、拆迁补偿不合理，可能会导致补偿费用支出失实的风险。	基建部门、审计和财务部门要在了解国家征地补偿规定之后，加强对征地、拆迁经济活动的管理。同时要求做到： （1）征地报批程序要合法，征地协议内容要合法合规，征地补偿费用要经过行政主管部门的审核； （2）必须取得拆迁许可证，按实、按规定标准和规定的审批程序支付拆迁费用； （3）按实、按规定的程序支付通水、通电和平整场地等费用； （4）拆迁补偿和青苗损失必须附有拍照资料和证明材料，必须通过银行支付补偿款，不可现金支付各项补偿款。
2	由于施工招投标不合规，可能会导致责任事故发生的风险。	学校的基建管理部门、招投标部门应加强施工招投标管理。同时要求做到： （1）按照有关法规规定，明确招标程序和方式，严防肢解工程项目和规避招投标行为的出现； （2）聘请具有工程造价资质人员指导工程管理人员合理编制工程预算书，准确计算工程量，合理套用预算单价和各项税费； （3）邀请单位监督人员对工程招投标过程进行全程监督。

（续上表）

序号	可能存在的风险	应当采取的预防措施
3	由于监理单位不合格，可能会导致监理监控不到位，工程监管弱化的风险。	学校的基建部门、审计部门要对监理市场进行信用摸底，在公告书上明确监理单位的资质要求。同时要求做到： （1）认真撰写招标公告，招标文件的内容要准确表述招标人的实质性要求； （2）依照公平、公正的原则选择招标代理机构，定标的程序及结果符合规定； （3）与监理公司签订职责明确的经济合同，加强对派驻现场的监理人员的考核管理。
4	主要材料和设备招投标不规范，可能会引发后期工程经济纠纷的风险。	学校的基建部门、审计部门要了解主要材料和设备的性能要求，按质量档次要求合理设置主要材料和设备的招标价格。同时要求做到： （1）要反复检查招标公告信息是否全面、准确，是否全面准确地表述了招标项目的实质性要求； （2）了解兄弟高校类似工程对主要材料和设备的特殊要求，对照检查本工程项目的招标材料、设备清单和技术要求是否齐全； （3）规范开标程序和评分标准。
5	分包工程招投标不规范的风险，可能会导致分包商的资质和信用等级达不到工程对外发包设置的要求，从而给工程管理带来困难的风险。	学校基建管理部门要在合同上明确总包单位对分包工程的管理责任。同时要求做到： （1）对照工程管理文件编制招标文件，全面准确地表述招标项目的实际状况和招标人的实质性要求； （2）关注总包单位是否存在故意违反招投标程序，恶意串标行为； （3）规范开标程序和评分标准； （4）在日常管理过程中，要仔细了解施工人员的构成，特别关注有无分包的情况。
6	合同协议不全面，可能会导致经济责任难以裁定，引致经济纠纷的风险。	组织工程管理人员、财务审计和法律顾问依照建筑业合同通用条款和专用条款进行详细推敲，对合同约定条款进行全面审查和全面评价。同时要求做到： （1）合同主体必须合格，合同条款要全面，合同双方权利义务、违约责任要明确、对等； （2）检查施工合同中的承包范围、工期、质量、造价原则、检验方法、付款方式、结算方式和质量保证是否合规； （3）检查监理合同中的监理资质、监理业务范围、监理时间、监理报酬的计算方法和支付方式是否恰当； （4）检查主要材料和设备合同中的规格、品种、质量、数量、单价、结算方式、运输方式、交货地点、期限、总价、专利权及与主体工程各环节是否存在脱节的现象； （5）检查分包工程合同中的工程范围、内容、工期、质量标准、工程计价原则、计费标准、付款方式、结算方式、质量保证等内容是否齐全。

第五节

施工阶段可能存在的风险及预防措施

表17-4　施工阶段可能存在的风险及预防措施

序号	可能存在的风险	应当采取的预防措施
1	隐蔽工程勘验不到位，可能会导致工程质量得不到保证的风险。	工程管理部门和审计部门要对工程管理实施全程监督。同时必须做到： （1）隐蔽工程作业时，施工方人员一定要通知建设方管理人员、内部审计人员和工程监理人员到场，共同签字确认； （2）预埋工程、屋面工程、装饰工程、安装工程等必须与施工图纸及规范要求一致； （3）作业要符合设计和工艺规范，与所采用的图纸相符； （4）实际用料的材质、规格和消耗量必须与工程清单项目一致。
2	主要材料及设备价格确认不合理，可能会导致材料价格确认偏高或偏低，虚增工程成本或影响工程质量的风险。	加强市场询价和招投标的管理工作。同时要求做到： （1）主要材料及设备的厂家、规格、单价必须与招标文件相符； （2）对于招标文件中没有明确厂家、规格、单价的，应由基建部门会同审计、技术部门人员一道采用询价方式进行采购； （3）对于技术含量高、投资较大的主要材料、设备，要按有关规定组织招标。
3	工程进度款拨付不合理的风险，可能会导致超付或少付进度款，工程结算困难或影响工程进度的风险。	建立工程管理人员、财务人员、工程监理和造价工程师沟通机制，定期通报和核对工程进度款。同时要求做到： （1）施工方提供的进度款申报书必须经过建设方的工程管理人员、工程监理人员、造价工程师以及内部审计人员的复核确认； （2）支付工程进度款必须经过分管基建和分管财务的校级领导同时签批； （3）基建部门指定专人负责向财务部门办理工程进度款的报账工作，基建部门和财务部门都建立进度款支付台账并定期对账。
4	设计变更和施工签证不规范，可能会导致超概算、超预算的情况，甚至引发腐败的风险。	建立工程设计变更和施工签证的审核和审批制度。同时做到： （1）由基建部门牵头对照主管部门的文件，制定设计变更和施工签证的审核和审批制度； （2）由基建部门和审计部门对设计变更的真实性进行核实，分析设计变更对工程造价的影响； （3）对照施工图预算核实施工签证内容是否真实。

（续上表）

序号	可能存在的风险	应当采取的预防措施
5	索赔事项把控不严，可能会虚高工程成本，学校利益遭受损害的风险。	明确管理部门工作职责，严肃索赔事项的审核和审批程序。要求做到： （1）建立工程管理档案，对工程立项、招标、合同签订、施工队进场等每一个环节都保持动态管理； （2）协助施工单位做好施工协调工作，防止施工索赔事故发生； （3）发生索赔事故时，工程管理部门应全力协助学校审计、法律人员做好索赔事项的真实性、准确性核实工作，防止单位蒙受损失。

第六节

工程竣工决算阶段可能存在的风险及预防措施

表17-5　工程竣工决算阶段可能存在的风险及预防措施

序号	可能存在的风险	应当采取的预防措施
1	工程验收把关不严，可能会造成工程质量不保、资料不齐、竣工图编制失实和虚列工程项目的风险。	依照建筑业文件组成验收小组进行仔细验收。要求做到： （1）工程验收小组应当由工程监理、工程造价、设计、质监、基建、财务、审计、资产管理以及使用部门的人员组成，必要时还可请法律、水电、网络、消防等专业人士参与验收，做好验收记录； （2）对照监理单位和施工单位提供的监理资料和施工技术资料，编制资产清单，整理资产移交前的相关资料； （3）编制项目竣工图、线路分布图，建立工程管理档案。
2	工程结算把关不严，可能会导致弄虚作假的风险。	建立建设单位内部自我核对和委托造价咨询公司两次对账的机制。要求做到： （1）由基建工程管理人员对施工队送来的工程结算资料进行核对，重点对工程项目编制依据的有效性、项目收费标准的准确性、材料价差调整的合理性、结算资料的完整性、工程设计变更及施工签证的真实性进行核对； （2）由学校内部审计部门通过公开招标方式选择符合资质要求的中介结算单位办理工程结算； （3）中介结算单位根据学校送审材料进行审核，实行单线联系，直接对学校审计部门负责，由审计部门采用书面形式转达有疑义的问题和答复； （4）预算造价编制单位不能承接竣工结算业务，按规定需送财政部门审核的项目结算应当送交财政部门指定的结算单位审核。

第七节

工程决算后期可能存在的问题及风险预防措施

表17-6　工程决算后期可能存在的问题及风险预防措施

序号	可能存在的风险	应当采取的预防措施
1	账务处理不妥当，可能会造成工程费用分摊失实的风险。	财务部门要加强对基建财务人员的业务培训，按财务制度规定处理相关账务。要求做到： （1）对建设资金的到位情况进行分析，避免资金未到位又没有人继续跟踪的情况出现； （2）核实预算（概算）总投资额和实际投资完成额，未经多部门核实并呈报领导同意，不能调整工程预算； （3）严格审核建筑安装工程投资、设备投资、其他投资和待摊投资支出的真实性； （4）准确分摊待摊投资支出； （5）考核建设项目完成投资有无超概算，如有超概算的情况应核实其金额并分析产生的原因，检查有无擅自扩大建设规模、提高建设标准等问题。
2	结余资金和剩余材料处置不当，可能会出现学校资产流失的风险。	建立基建管理人员、财务人员和审计人员定期沟通的机制。要求做到： （1）基建和财务部门派人清点结余资金和剩余材料，并提出对剩余材料的处理意见； （2）检查银行存款余额是否同银行对账单余额相符，库存现金数额是否与现金日记账账面余额相符，剩余材料与账面结存是否相符； （3）发函或采取其他方式核实各项应收款和应付款的真实性，对各项债权债务进行清理； （4）对照合同规定足额扣留承包商在工程质量保证期间的保证金； （5）质保期满后，由基建管理部门组织验收小组进行验收评价，并经审计部门签署意见后方能支付质保金。

第八节

高校建设工程项目风险发生原因分析及对策建议

基建修缮是学校非常重要的一项保障工作，学校基建修缮方面的支出总额不会少于学校资金总额的20%。由于资金额大，基建修缮工作成为高校高风险领域。不少高校领导班子都栽在基建工作上。除了个人过不了贪婪这一关之外，更主要的原因就是高校的内部控制工作没有健全，高校领导及基建管理人员自觉不自觉地陷入不能自拔的泥泞。

一、高校建设工程项目的特点

经过多年的整治，建筑行业法规制度和标准体系已经有了很大的改观，但由于基建工程具有投资额度大、技术要求高和管理涉及面广等特点，基建工程的风险始终在所难免。同其他领域相比，高校基本建设风险具有如下特点：

“散”：高校的基本建设既包括传统概念的大型建设，也包括高校领域自身的修缮工程。由于修缮工程零星分散，经常发生，完全套用工程材料清单进行结算不切合实际，造成零星小额工程的造价很难用统一的标准进行衡量。

“多”：工程风险贯穿于投资立项、勘察设计、施工准备、正式施工以及工程验收结算各个阶段，每一个阶段的每一个环节都有可能存在风险，风险让人防不胜防。

“专”：基建工程涉及设计、安装、土建、灯光、音响、园林、空调、工程造价等专业知识，高校的工程管理人员难以配足配齐，工程管理人员专业知识结构难以同经验老到的施工单位人员相比。

鉴于基建工程领域的风险无处不在，高校管理工作者必须深入思考和研究学校基本建设领域可能存在的风险以及应当采取的相应措施。

二、高校基本建设风险发生的原因分析

（一）高校基建管理人员缺乏工程专业知识，建设过程容易出现被承包商牵着鼻子走的现象。基建工作专业性强、管理要求高，而高校大多数负责基建工作的校领导和基建部门负责人都是从教学队伍中提拔起来的，对基本建设方面的政策、相关制度了解不多，缺乏基建专业知识和管理经验，建设过程容易出现被承包商牵着鼻子走的现象。个别施工单位利用建设单位基建管理人员不懂基建管理，随意提出一些不合理的变更签证让甲方签字，给校方工程管理人员挖一个坑，将校方工程管理人员往坑里推。

（二）工程监理和造价人员未尽监管职责，建设项目“偷工减料”未能有效杜绝。工程管理监理制的引入无疑会加大工程监管力度，对工程技术和材料质量起到监督作用。但也有些监理机构和人员素质不高或被承包商收买，未能完全站在公正立场对施工质量进行认真监管，而是按照施工单位的要求随意签发变更签证，增加投资成本。结果出现校方自己花钱请人帮助监督，却反被“受雇方”坑害的局面。

（三）内部控制制度不健全，基建管理存在监管“不到位”的现象。虽然不少高校都制定了相关的规章制度，但由于缺乏实际经验等原因，所制定的制度往往会漏洞百出，无法有效预防腐败问题的形成与发展。虽然高校的纪检、监察、审计等专门监督方式以及教职工代表大会、群众监督、舆论监督等各种广泛的监督渠道可以在一定范围和一定程度上发挥监督作用，但由于基建管理专业的特殊限制，始终无法完全解决监督“不到位”的问题。

三、高校基本建设内部控制的对策建议

（一）规定基建管理人员必须熟悉工程管理知识。基建部门负责人要带头学习基建政策和基建知识，掌握基建工程管理法规和程序，懂得阅读基建施工图纸，熟知工程预决算、质量监管、竣工验收等程序和方法。做好设计、施工、监理等单位的协调工作，加强工程建设施工管理，抓好工程质量监管。

（二）明确每位工程管理人员的岗位责任和权限。“以人为核心”，以人的工作质量保证工程质量，切实提高工程管理水平。工程管理人员必须具有高度的政治责任感，具有吃苦耐劳、兢兢业业、一丝不苟的工作态度，具有宏观协调和微观管理的能力。

（三）发挥工程监理和造价监理双重监管作用。聘请工程监理和造价监理协助学校基建审计人员加强对工程过程的管理和监控，控制好建设工程质量、进度

和工程造价，防止“三超”（即概算超估算、预算超概算、结算超预算）现象发生。

（四）内部审计人员参与基建工程的全程监督。审计人员将事后结算审计向事前、事中、全过程延伸，可以使整个工程实施处于受控状态，能有效地克服事后监督的局限性。内部审计人员参与基建工程全程监督，要始终保持独立性、客观性、公正性，始终做到不缺位、不乱为。

表17-7　高校建设项目管理可能存在的风险及需要采取的措施

可能存在风险	需要采取的措施
立项风险	专家论证意见，领导集体决定
设计风险	优先设计单位，签订责任合同
招标风险	签订保密协议，限制接触人员
变更风险	限定最高限额，做好跟踪记录
验收风险	小组集体验收，做好验收记录
结算风险	遵照合同规定，掌握工程进度

第九节
建设工程的案例分析

一、校区基建工程赶工的噩梦

某校2002年经教育厅批准，从经济落后的城市到经济比较发达的城市（毗邻深圳）创办新校区。为了赶在2003年秋季新招学生入学前完成校区第一期工程建设，学校成立了校区建设工程指挥部，统筹校区工程、财务、审计、保卫等多项工作，学校党委对工程指挥部寄予厚望，希望能以“只争朝夕”的超常规速度搞好校区建设。

当时七个标段工程同时开工，7000多名民工日夜奋战，校区建设热火朝天，校区面貌“日新月异”，在“急事急办，特事特办”的指令下，工程指挥部形成了“以工程建设为中心，管理监督跟着中心走”的工作氛围。

虽然经历了“非典”施工单位招工难、园区道路和水电不通等难以想象的困难，但功夫不负有心人，经过七个月的日夜奋战，新校区完成建筑面积42万平方米，教学楼、学生宿舍楼、学生运动场、学生饭堂等主要教学与生活设施如期投入使用。当年新招的1603名学生完成军训后，9月底回到新校区学习和生活。开学典礼当天，省教育厅领导和新校区所在市领导都盛赞该校基建工程管理卓有成效。“当年开工，当年招生”的模式被树为全省高校学习的楷模。同时开工建设的广州大学城因进展缓慢，无法实现当年扩大招生的愿望。省内高校都羡慕该校区的基建工作效率。

在高效率的背后，该校的校区建设也留下了不少辛酸回忆。

一是为完成建设任务，指挥部的领导心理负荷过重。新校区坐落在科技园区的西部，校区开工时间同科技园区开始运转的时间差不多，园区水电、交通和治安极不完善，校区建设出现难以想象的困难，不少水电和交通问题都需要学校自行解决。时间紧、任务重、压力大，将几位从教学一线提拔上来负责工程指挥的领导们压得气喘吁吁，有位领导含着泪水诉说：待到工程完工之后要爬上校区山头痛痛快快地大哭一场（意思是现在连哭的时间都没有）。指挥部里其他同事也都感同身受。从内部控制角度来说，相关工作和生活没有跟上，给工作人员带来过重的心理负担，既不利于人的身心健康，也不利于校区建设的和谐推进。

二是为完成工程进度，出现“三边”（边设计、边施工、边修改）工程。华南理工大学工程设计院负责整个校区设计工作，整体设计感观好，功能分布十分合理。可美中不足的地方也不少，原因是当时全国校区建设处于顶峰时期，工程建设设计任务十分紧张，工程设计人员一时难以亲自设计每一个单体，个别楼房的设计图纸交由实习人员描绘，负责带教的工程人员未能严格把关，加上建设单位工程管理人员审图不细致，结果出现部分设计缺陷一直到了施工阶段才发现，缺陷得不到及时纠正。如个别楼房的下水道居然安装在室内，一到下雨天，水管哗啦哗啦响个不停，职工和学生都苦不堪言。这明显是复核把关工作没做好，工作失误未能及时发现并纠正，给工程管理带来了困难，从内部控制的角度来看，

“三边”工程真的害人，要不得。

三是职能划分不清晰，造成工程结算难度加大的情况。学校委托交流中心施工建设的承建商采购交流中心客房的床、椅、被等用品，费用从工程资金账户支付，结算时一并纳入工程成本，好在学校审计负责人是位财务专家，单独计算生活设施费用，并按采购成本加税金的方式返还工程队代购款，才避免项目工程造价成本失真现象发生。这一事件说明，后勤基建部门的负责人应当清楚项目工程造价的组成，清楚什么可以进入工程成本，什么不可以进入工程成本，同时也要清楚后勤与基建之间的关系，不能以基建管理代替后勤管理，分清管理路径与报账渠道，避免发生账目混乱和管理混乱的现象。

四是过分追求工程进度，弱化审计监督。当前在建设工程的管理上，非常强调全过程监督审计，全程监督审计是预防腐败的有效手段。在急于当年完工交付使用的背景下，学校提出了“急事急办，特事特办”的要求，虽然财务、审计人员也都坚守岗位、坚持原则，但人人都担心自己的履职会延误工程进度，招惹问责，致使财务、审计工作被动。

五是工程结算不及时，招来社会对学校的不满。2005年，该校大部分校区建设基本完成并交付使用，工程结算条件已具备。由于当时学校经费紧张，新任校领导和部门负责人担心因工程结算而出现无力建设新项目或被法院从银行账户强行划账，对已完工工程的结算工作采取能拖就拖的态度，工程队、供应商多次上门讨债，并把学校告上了教育厅和法院，主管部门和校区所在地政府对学校这种新官不管旧账的行为很不满意，要求学校积极化债，做好社会维稳工作。由于校区工程结算缓慢，学校潜在债务不清，造成学校部分后期工程扩建立项审批受阻。2015年正式进行工程结算时，部分设计图纸线条模糊、字迹不清，增加了工程结算的难度。通过政府采购的工程造价咨询公司，由于员工不懂得人工计算（新员工只懂计算机计算），结算公司很不乐意接收政府采购派单，学校审计部门协调结算工作相当困难。

二、工程变更的痛苦

A学校于2009年动工建设动物中心，2017年未能投入使用，学校被迫向南方医科大学在A学校附近的饲养场租赁场地，由南方医科大学饲养场代养实验动物，每年支出代养费（包场地和租金）70万元。

是什么原因导致2000平方米的动物中心迟迟无法完工呢？究其原因，令人心惊。

（一）外部原因

1. 工程招标之后，由于施工许可证迟迟未能办理下来，延误了三个月时间，工程队提出人工和提升架索赔120万元，并且提出取消下浮23%的承诺，学校对此一筹莫展，后经审计部门走访请教工程造价和工程招标行业专家后，据理力争，施工队取消下浮23%的想法才被击破（改按施工日材料定额下浮23%），但人工和提升架是工程队业已发生的费用，经学校人事部门核准，最终只好给予赔偿。

2. 2012年，广东省实验动物学会对动物饲养环境要求提高了标准，学校实验动物中心负责人提议对动物中心的装修风格进行调整。鉴于土建工程的承建商不具备承建动物中心装修的资质要求，因此要求学校对动物中心进行重新装修设计，重新招标具备资质要求的承建商。装修变动带动了电梯、空调、线路和电控箱的变动。土建承建商利用对线路和电控箱预算进行调整的机会，全面上调了线路和电控箱的材料和人工费用。这次装修变更，延长了工期，又给审计结算带来了新的压力。

3. 本工程最初预算为1400万元，施工队中标金额为1100万元，后减除装修和空调部分，只剩900万元的工程款，承建商心里始终存有1400万元的预期。从承建商在校内承建的几项工程项目发现，多部门人员都清楚与该承建商沟通、协调心里非常难受。无论是工程管理人员、财务人员，还是审计人员，都认为同这个承建商交流十分困难。每当学校设想在什么时候用上动物中心时，施工队往往会以此为把柄，重重地向学校“敲上一笔”，不达目的不罢休。

（二）内部原因

1. 工程管理流程不清，缺乏前瞻性。场地平整和施工许可证等应该在招标之前完成的工作，基建部门无法按期完成，致使场地平整委托施工队进行，造成工程结算被动。办理施工许可证的人员社会关系贫乏，自我激励的动力也不足。

2. 部门间沟通协调不够，缺乏合力。首先是基建管理部门同使用部门的沟通协调不够深入，很多本应在设计阶段就发现并纠正的问题未能及时处理，致使施工阶段边施工边调整，影响工程进度，给学校带来经济损失。其次是基建部门同财务部门在某些方面未能取得一致意见，为保证能够赶在合同约定期限之内将资金拨付到施工队账户，应工程管理部门要求和承诺，财务部门动用学校其他资金垫付工程进度款，当时约定，待财政专款到达施工队之后，施工队立即返还学校垫付款，后来基建管理部门担心影响工程进度，并认为财务工作应由财务部门处理，造成财务催款陷入被动。再次是基建部门同审计部门的工作未能保持同步，本来现场的工程管理人员对空调系统变更而引发电箱、电缆变动的具体情况应该是最清楚的，可也因为欠缺完整的变更手续材料，加大了工程审计结算难度。

（三）启示

1. 基建工程管理是项技术活，基建部门负责人应熟悉基建工程方面的政策、文件以及相关业务流程，严格按规定流程办事，认真细致地做好工程变更调整记录。

2. 基建工程管理是项系统工程，基建部门负责人应主动同相关部门做好沟通协调工作，尊重使用部门和监督部门的意见，各部门都要树立责任意识和大局意识，同心同德把学校的事情做好。

第十八章

18

高校合同管理控制研究

第一节

高校合同协议的概念及要素

一、合同协议的概念

学校合同协议是指学校与自然人、法人及其他组织设立、变更、终止民事权利义务的合同或协议。高等院校发生大额设备采购、基建工程、合作办学、物业租赁都应当签订合同或协议。

二、合同协议的要素

合同的内容由当事人约定，一般包括以下条款：

（一）当事人的名称或者姓名和住所；

（二）标的；

（三）数量；

（四）质量；

（五）价款或者报酬；

（六）履行期限、地点和方式；

（七）违约责任；

（八）解决争议的方法。

高校签订合同协议时应当注意上述要素是否齐全。

第二节

高校合同协议管理需要注意的风险

一、合同协议管理需要注意的风险

（一）订立合同的主体或合同的内容不合格的风险。单位开展经济业务未订立合同、未经授权对外订立合同、合同对方主体资格未达到法律要求、合同内容存在重大疏漏和欺诈，都有可能导致单位合法权益受到侵害。

（二）合同履行或监控不当的风险。合同一方未全面履行合同或监控不当都可能导致单位诉讼失败、经济利益受损。

（三）合同纠纷处理不当的风险。合同执行过程中，合同一方对合同纠纷处理不当可能会给单位利益、信誉和形象带来损害。

二、加强高校合同管理的建议

（一）合同是学校经济活动中的一项非常严肃的工作，学校领导应该高度重视合同的管理工作。学校要制定合同管理制度和管理办法，明确合同归口管理部门，明确合同拟定、审批、执行等环节的程序和要求，组织有关人员定期检查和评价合同管理中的薄弱环节，采取相应控制措施，促进合同有效履行，切实维护单位的合法权益。

（二）合同管理部门应当加强合同登记管理，充分利用信息化手段，定期对合同进行统计、分类和归档，详细登记合同的订立、履行和变更等情况，实行合同的全过程封闭管理。

（三）高校应当建立合同履行情况评估制度，至少于每年年末要对合同履行的总体情况和重大合同履行的具体情况进行一次分析评估，及时解决分析评估中发现的问题。

（四）高校应当健全合同管理考核与责任追究制度。对合同订立、履行过程中出现的违法违规行为，应当追究有关机构或人员的责任，增强合同管理的严肃性，切实保护好学校的合法利益。

第三节

高校合同订立阶段需要注意的风险

合同订立阶段包括合同调查、合同谈判、合同文本拟定、合同会签、合同签署等环节。

一、合同调查阶段需要注意的问题

学校对外发生经济行为，除采用即时结清方式外都应当订立书面合同。合同订立前，应当充分了解合同对方的主体资格、信用状况等有关内容，确保对方当事人具备履约能力。这一过程需要考虑的问题见表18-1：

表18-1 合同调查阶段需要注意的问题

可能出现的情况及风险	需要做好的管控措施
与不具有相应的民事能力、民事行为能力、特定资质的对象签订了合同，可能会导致合同无效。	对签约对方的身份证件、法人登记证书、资质证明等证明原件进行细致审查，评估对方的民事能力。
与不具备代理权的对象签订了合同，可能会导致合同无效。	审查代理人是否得到法人代表的书面授权（包括授权的范围、授权时间、法人代表的亲笔签名、单位盖章，关注授权代理人的行为是否在其被授权的范围内）。
与信用状况不良的对象签订了合同，可能会导致单位蒙受损失。	审查签约方的生产、经营和财务状况，分析其获利能力、营运能力和偿债能力。
与不具备履约能力的对象签订了合同，可能会导致单位蒙受损失。	审查签约方的生产、经营和财务状况，分析其获利能力、营运能力、偿债能力以及信用状况。

二、合同谈判阶段需要注意的问题

高校内部的合同承办部门（可能是物资采购部门，也可能是招标部门或其他部门）在授权范围内与签约对方进行谈判，应当按照自愿、公平原则，磋商合同内容和条款，明确双方的权利义务和违约责任。这一过程需要考虑的问题见表18-2：

表18-2 合同谈判阶段需要注意的问题

可能出现的情况及风险	需要做好的管控措施
由于参与谈判人员考虑不周，谈判经验不足，导致在重大问题上做出不当的让步，让单位蒙受经济损失。	学校在谈判之前要让参与谈判人员明确授权范围和谈判底线，通盘考虑合同的具体内容。
由于参与谈判人员缺乏技术、法律和财务知识的支撑，过于谨慎，犹豫不决，导致谈判艰难或单位利益受损。	对涉及较高专业技术或法律关系复杂的合同，应组织学校的法律、技术、财务、审计等专业人员参与谈判，必要时可聘请外部专家参与相关工作，发挥团队智慧。谈判过程中的重要事项和参与谈判人员的主要意见，应当予以记录并妥善保存。

三、合同文本拟定阶段需要注意的问题

合同谈判后应当根据协商结果拟定合同文本。这一过程需要考虑的问题见表18-3：

表18-3 合同文本拟定阶段需要注意的问题

可能出现的情况及风险	需要做好的管控措施
由于合同形式、合同内容与国家法律、法规不相符可能会导致法律纠纷。	学校订立合同必须经过法律顾问审阅并签署书面意见。
由合同对方提出的合同条款不完整、表述不严谨，存在重大疏忽和欺诈行为，可能会导致单位利益蒙受损失。	合同经办人员应当认真审查由签约对方起草的合同，确保合同内容准确反映学校诉求和谈判达成的一致意见，特别留意“其他约定事项”等需要补充填写的栏目，如不存在其他约定事项时注明“此栏空白”或“无其他约定”，防止合同签订后被人故意篡改。

四、合同会签阶段需要注意的问题

合同文本拟定完成并经过经办部门负责人审核后，应当执行严格的会签制度。这一过程需要考虑的问题见表18-4：

表18-4 合同会签阶段需要注意的问题

可能出现的情况及风险	需要做好的管控措施
会签流于形式，审计、财务等部门把关不严，导致合同付款方式、付款时间、付款金额约定模糊，引发诉讼或经济索赔。	明确合同会签的岗位职责，如：审计部门应重点关注招标采购方式和程序的合法合规性；财务部门应重点关注付款方式、付款时间和付款金额的合法性和合理性。
合同起草人未能根据会签人的意见准确纠正合同中的不当内容和不当条款，从而引发诉讼或经济索赔。	建立合同流程底稿归档制度，确保合同会签全程留痕；合同部门负责人对合同复核负责。必要时，合同起草部门对合同条款做出修改并再次提交相关部门会签审核。

五、合同签署阶段需要注意的问题

经审核同意签订的合同，高校应当与对方当事人正式签署并加盖有效印章。这一过程需要考虑的问题见表18-5:

表18-5　合同签署阶段需要注意的问题

可能出现的情况及风险	需要做好的管控措施
合同一方超越权限签订合同，导致合同无效或潜在风险。	由合同管理部门对双方签约人资格进行审查、评估。对外正式订立合同应当由法定代表人或由法定代表人授权的代理人签名并加盖有效印章。
合同印章无效导致合同无效或被欺诈。	高校之间签订合同一般使用行政公章，如对方使用“合同专用章”时，应由合同管理部门对签约方印章的有效性进行审查。
合同签署后被人故意篡改而蒙受经济损失。	在合同各页码之间加盖骑缝章，使用不可编辑的电子文档格式，合同起草部门对签署后的合同再次进行复核，备份。

特别提示：合同签署前，高校合同经办人应当同合同的对方经办人员进行沟通，了解对方签署人的职务、授权情况以及对方可能使用的印章情况，对合同有效性进行评估，掌握合同签署主动权。

第四节

高校合同履行阶段需要注意的风险

合同履行阶段包括合同履行、合同结算、合同登记等环节。

一、合同执行阶段需要注意的问题

合同订立后，学校应当与合同对方当事人一起遵循诚实守信原则，履行合同约定的权利和义务。这一过程需要注意的问题见表18-6:

表18-6　合同履行阶段需要注意的风险

可能出现的情况及风险	需要做好的管控措施
未能及时履行合同约定，导致纠纷，学校遭受处罚。	对合同执行情况进行跟踪，掌握合同履行进度。
合同表述不清晰，导致合同无法正常履行。	及时同合同签约对方进行沟通，根据需要及时补充、变更甚至解除合同协议。
外围环境发生变化，影响合同执行，导致纠纷，学校遭受处罚。	及时同对方沟通，签订补充协议。合同纠纷经协商无法解决的，根据合同约定选择仲裁或诉讼方式解决。

特别提示：合同执行单位应当设立合同履行登记台账，对合同进度进行记录。处理纠纷过程中，未经授权批准，经办人员不得向对方当事人做出实质性答复或承诺。

二、合同结算阶段需要注意的问题

合同结算是合同执行的重要环节，一般由财务部门负责办理这一环节的审查、监督和落实情况。这一过程需要注意的问题见表18–7:

表18–7 合同结算阶段需要注意的问题

可能出现的情况及风险	需要做好的管控措施
未按合同规定的期限付款，导致因违约而蒙受损失。	设立合同履行台账，对合同执行情况进行全程跟踪。
未按合同规定的期限收回应收款，导致发生坏账，资金收不回来的情况。	设立合同履行台账，对合同执行情况进行全程跟踪。
收付款单位与合同约定单位不一致，引发诉讼，造成经济损失。	对照合同约定单位办理收款和付款工作，出现由其他单位代收代付合同款项时，必须取得原签约单位的委托授权证明。

三、合同登记阶段需要注意的问题

合同登记管理制度体现了合同的全过程封闭管理，合同的签署、履行、结算、补充或变更、解除等都需要进行合同登记。这一过程需要注意的问题见表18–8:

表18–8 合同登记阶段需要注意的问题

可能出现的情况及风险	需要做好的管控措施
合同档案保管不慎，造成档案丢失或内容模糊不清而多付合同款。	建立合同连续编号制度，对合同进行分类登记并专柜保管。
因合同泄密而招惹签约方起诉。	规范合同管理人员职责，明确合同流转、借阅和归还的职责权限和审批程序等有关要求。

表18–9 高校合同管理可能存在的风险及需要采取的措施

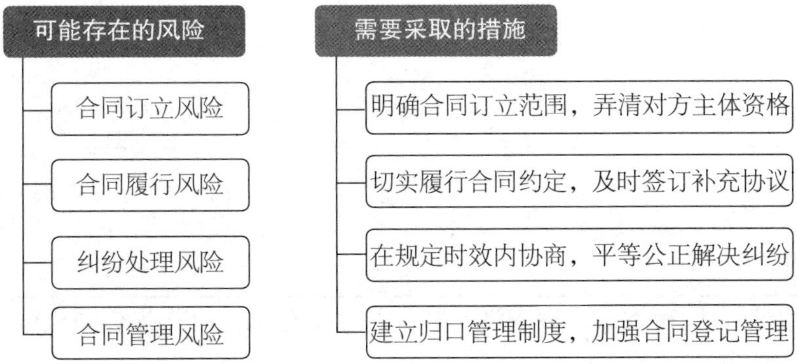

第五节

高校合同管理控制的案例分析

某大学合同审批表

编号：　　　　　　　　　　　　用印日期：　　年　月　日

<table>
<tr><td>合同名称</td><td></td><td>承办单位</td><td></td></tr>
<tr><td>签约单位</td><td></td><td>承办人</td><td></td></tr>
<tr><td>合同摘要</td><td colspan="3">（订立合同的背景、立项、审计、招标、谈判等情况）

承办单位负责人签名：</td></tr>
<tr><td colspan="2">1. 使用部门意见</td><td colspan="2">2. 法律顾问组意见</td></tr>
<tr><td colspan="2"></td><td colspan="2"></td></tr>
<tr><td colspan="2">3. 财务与资产管理处意见</td><td colspan="2">4. 审计处意见</td></tr>
<tr><td colspan="2"></td><td colspan="2"></td></tr>
<tr><td colspan="2">5. 招投标工作小组意见（招标项目）</td><td colspan="2">6. 承办单位分管校领导批示</td></tr>
<tr><td colspan="2"></td><td colspan="2"></td></tr>
</table>

这是某大学合同审批表，表内涉及多部门会签意见，可作为合同执行依据。

第十九章

19

高校内部控制审计研究

第一节

高校内部控制审计的概念及分类

一、高校内部控制审计的概念

这里所称内部控制审计是指高校的审计部门为了促进完善内部控制，保证其有效执行而对本单位内部控制体系的健全性、有效性所进行的了解、测试和评价活动。

二、高校内部控制审计的分类

（一）高校内部审计部门进行的审计；

（二）社会审计机构受托进行的审计；

（三）国家审计机关开展的外部审计。

第二节

高校内部控制审计应遵循的原则

高校开展内部控制审计工作时应遵循以下原则与方法：

（一）内部控制审查与业务活动审查以及财务活动审查相结合；

（二）内部控制审查与风险管理审查相结合；

（三）内部控制审查与促进推动内部控制自我评估相结合；

（四）内部控制审查与反腐倡廉、制约权力滥用相结合。

第三节
高校内部控制审计的主要内容

高校各项业务的内部控制体系主要由控制环境、风险管理、控制活动、信息与沟通、监督审计等要素组成，高校内部控制审计的主要内容包括：

一、控制环境审计的主要内容

（一）单位业务活动的复杂程度；
（二）管理层的权责分配、决策程序和议事规则；
（三）管理行为守则的健全性和有效性；
（四）管理层对逾越既定控制程序的态度；
（五）工作人员对管理层管理理念和工作作风的理解和认同；
（六）工作人员的职业道德、知识和技能；
（七）组织结构和职责划分的合理性；
（八）重要岗位人员权责的相称程度和胜任能力；
（九）工作人员的培训制度；
（十）工作人员业绩考核与激励机制。

二、风险管理审计的主要内容

（一）正确识别风险，分析引发风险的内外因素；
（二）对风险进行正确评价和衡量，测算风险发生的可能性和预计带来的后果；
（三）风险转移的措施；
（四）对抗风险的能力；
（五）风险管理的具体方法及效果。

三、控制活动审计的主要内容

（一）业务流程、处理手续、业务记录和检查标准等控制活动建立的适当性；

（二）目标控制、授权控制、不相容职务分离控制、资产和记录接近限制等控制方式的正确性；

（三）财产物资控制、会计信息控制、财务收支控制、管理决策控制、经济效益控制、管理目标控制等控制内容的完整性；

（四）控制活动执行的有效性。

四、信息与沟通审计的主要内容

（一）获取内部信息和外部信息的能力；

（二）信息处理的及时性和适当性；

（三）信息传递的便捷性与畅通性；

（四）管理信息系统的安全可靠性。

五、监督审计的主要内容

（一）学校各部门、各单位及所属单位实施独立监督的有效性；

（二）管理层的内部控制自我评估的有效性。

第四节

高校内部控制评价应当重点关注的工作

对学校各项业务的内部控制进行评估时，应分为单位层面的风险评估和经济活动业务层面的风险评估两个层面来进行。

一、单位层面的风险评估应当重点关注以下方面

（一）内部控制工作的组织情况。包括是否确定内部控制牵头领导和职能部门；是否建立单位各部门在内部控制中的沟通协调和联动机制。

（二）内部控制机制的建设情况。包括经济活动的决策、执行、监督是否实现有效分离，权责是否对等，是否建立健全议事决策机制、岗位责任制、内部监督等机制。

（三）内部管理制度的完善情况。包括内部管理制度是否健全，执行是否有效。

（四）内部控制关键岗位工作人员的管理情况。包括是否建立工作人员的培训、评价、轮岗等机制，工作人员是否具备相应的资格和能力。

（五）财务信息的编报情况。包括是否按照国家统一的会计制度对经济业务事项进行账务处理，是否按照国家统一的会计制度编制财务会计报告。

（六）其他情况。

二、业务层面的风险评估应当重点关注以下方面

（一）预算管理情况。包括在预算编制过程中单位内部各部门间沟通协调是否充分，预算编制与资产配置是否相结合，与具体工作是否相对应；是否按照批复的额度和开支范围执行预算，进度是否合理，是否存在无预算、超预算支出等问题；决算编报是否真实、完整、准确、及时。

（二）收支管理情况。包括收入是否实现归口管理，是否按照规定及时向财务部门提供收入的有关凭据，是否按照规定保管和使用印章和票据等；发生支出事项时是否按照规定审核各类凭据的真实性、合法性，是否存在使用虚假票据套取资金的情形。

（三）政府采购管理情况。包括是否按照预算和计划组织政府采购业务；是否按照规定组织政府采购活动和执行验收程序；是否按照规定保存政府采购业务的有关档案。

（四）资产管理情况。包括是否实现资产归口管理并明确使用责任；是否定期对资产进行清查盘点，对账实不符的情况及时进行处理；是否按照规定处置资产。

（五）建设项目管理情况。包括是否按照概算投资；是否严格履行审核审批程序；是否建立有效的招投标控制机制；是否存在截留、挤占、挪用、套取建设项目资金的情形；是否按照规定保存建设项目有关档案并及时办理移交手续。

（六）合同管理情况。包括是否实现合同归口管理；是否明确应签订合同的经济活动范围和条件；是否有效监控合同履行情况，是否建立合同纠纷协调机制。

（七）其他情况。

第五节

高校内部控制的审计方法

高校内部审计部门开展内部控制审计时，应根据不同的审计对象、审计目标和审计所需的证据选择不同的方法，以保证审计工作质量和审计资源的有效配置。具体来讲，高校内部控制审计可采用如下方法：

（一）不相容岗位相互分离。合理设置内部控制关键岗位，明确划分职责权限，实施相应的分离措施，形成相互制约、相互监督的工作机制。

（二）内部授权审批控制。明确各岗位办理业务和事项的权限范围、审批程序和有关责任，建立重大事项集体决策和会签制度。有关工作人员应当在授权范围内行使职权、办理业务。

（三）归口管理。根据本单位实际情况，按照权责对等的原则，采取成立联合工作小组并确定牵头部门或牵头人员等方式，对有关经济活动实行统一管理。

（四）预算控制。强化对经济活动的预算约束，使预算管理贯穿于单位经济活动的全过程。

（五）财产保护控制。建立资产日常管理制度和定期清查机制，采取资产记录、实物保管、定期盘点、账实核对等措施，确保资产安全完整。

（六）会计控制。建立健全单位财务管理制度，加强会计机构建设，提高会计人员业务水平，强化会计人员岗位责任制，规范会计基础工作，加强会计档案管理，明确会计凭证、会计账簿和财务务计报告处理程序。

（七）单据控制。要求单位根据国家有关规定和单位的经济活动业务流程，在内部管理制度中明确界定各项经济活动所涉及的表单和票据，要求有关工作人员按照规定填制、审核、归档、保管单据。

（八）信息内部公开。建立健全经济活动有关信息内部公开制度，根据国家有关规定和单位的实际情况，确定信息内部公开的内容、范围、方式和程序。

第六节

高校内部控制审计的实施要求

一、组织要求

（一）学校各部门、各单位应当建立健全内部监督制度，明确各有关部门或岗位在内部监督中的职责权限，规定内部监督的程序和要求，对内部控制建立与实施情况进行内部监督检查和自我评价。内部监督应当与内部控制的建立和实施保持相对独立。

（二）内部审计部门应当定期或不定期检查单位内部管理制度和机制的建立与执行情况，以及内部控制关键岗位及人员的设置情况等，及时发现内部控制存在的问题并提出改进建议。

（三）学校各部门、各单位应当根据本单位实际情况确定内部监督检查的方法、范围和频率。

（四）单位负责人应当指定本单位有关部门或专人负责对单位内部控制的有效性进行评价并出具单位内部控制自我评价报告。

（五）学校内部审计部门根据上级主管部门的要求和单位内部管理的需要，确定内部控制审计项目，列入年度审计工作计划，报主要负责人或分管领导批准后实施。

（六）学校审计部门应在实施内部控制审计三个工作日前，向被审计单位送达审计通知书。如有特殊情况，经内部审计负责人批准，可以直接持审计通知书实施审计。

（七）学校审计部门结合实际情况，科学选定内部控制审计的范围和重点。既可以对学校及所属单位的内部控制进行全面审计，也可以选择对教学管理、科研管理、财务管理、资产管理、采购管理等关键环节进行局部的内部控制审计。

（八）被审计单位应对所提供资料的真实性、完整性负责并做出书面承诺，不得拒绝、拖延或提供虚假信息。

二、实施要求

（一）内部控制审计的实施过程包括收集与描述内部控制制度阶段、测试阶段和评价阶段。内部审计人员在评价内部控制时，按照项目的性质和需要，既可以对全部控制要素进行评价，也可以只对部分控制要素进行评价。

（二）审计人员可以采用文字叙述、调查问卷、流程图等方法对内部控制进行描述和评价，并记录于审计工作底稿中。

（三）内部控制审计报告的主要内容包括：审查和评价内部控制的目的、范围、审计结论、审计意见及对改善内部控制的建议；同时包括被审计单位的反馈意见。

（四）内部审计部门将审计报告等结论性文书报送主要负责人或分管领导，同时发送被审计单位及有关单位。

第七节

高校内部控制自我评估的要求

一、高校内部控制自我评估的含义

高校内部控制自我评估也称管理自我评估、控制和风险自我评估、业务活动自我评估以及控制风险自我评估，是指高校内部为实现目标、控制风险而对内部控制系统的有效性和恰当性实施自我评估的方法。内部控制自我评估有三个基本特征：关注业务的过程和控制的成效；由管理部门和职员共同进行；用结构化的方法开展自我评估。内部控制自我评估是完善内部控制体系的有效方式之一。开展内部控制审计应充分关注这一有效方式，利用、 指导、推动内部控制自我评估的开展，促进完善内部控制体系建设。

内部审计人员在实施内部控制确认和咨询之前应适当应用内部控制自我评估法，根据内部控制自我评估报告考虑审计重点，以提高审计效率，促进内部控制审计目的的实现。内部审计人员应当制订内部控制自我评估计划，召集组织相关管理人员对内部控制进行自我评估，并做好组织、协调与记录工作。

二、内部控制自我评估的主要内容

内部审计人员可以根据内部控制审计的目的与范围，确定内部控制自我评估的内容。内部控制自我评估的主要内容包括：

（一）确定组织整体或职能部门的目标，识别其主要风险；

（二）评估组织内部控制的适当性、合法性及有效性；

（三）确认内部控制重大缺陷或存在严重风险的业务环节；

（四）评估组织非正式的控制及其有效性；

（五）评估组织的业务流程及其运作效率；

（六）对内部控制自我评估中发现的问题提出改进建议。

三、内部控制自我评估的主要程序

内部审计人员在应用内部控制自我评估法时，一般包括以下主要程序：

（一）制订内部控制自我评估的计划；

（二）与组织相关管理人员就内部控制自我评估的目的、内容及程序进行事先沟通和交流；

（三）确定内部控制自我评估的时间与方法；

（四）召集组织相关管理人员开展内部控制自我评估；

（五）在内部控制自我评估过程中做好协调与记录工作；

（六）在内部控制自我评估过程结束后，及时反馈并提交控制自我评估报告。

四、内部控制自我评估的主要方法

内部审计人员应用内部控制自我评估法时，应当根据部门或单位特点、组织文化、管理风格、员工素质等灵活选用适当的方法。内部控制自我评估的主要方法包括：专题讨论法、问卷调查法、管理分析法、个别访谈法、穿行测试法、抽样法、实地查验法等。

（一）专题讨论法。由内部审计人员召集组织相关管理人员就内部控制的特定方面或过程进行讨论及评估。

（二）问卷调查法。由内部审计人员就内部控制的特定方面或过程以书面问卷的形式向组织相关管理人员收集意见。

（三）管理分析法。由内部审计人员就内部控制的特定方面或过程向相关管理人员收集信息，并与其他来源的信息一起进行综合分析。

（四）个别访谈法。由内部审计人员根据检查评价需要，对被审查单位员工进行单独访谈，以获取有关信息。

（五）穿行测试法。由内部审计人员通过抽取一份全过程的文件，按照被评价单位规定的业务处理程序，从头到尾地重新执行一遍，以检查这些经济业务在办理过程中是否执行了规定的控制措施，并通过其处理结果是否相符，来了解并评价整个业务流程的执行情况。

（六）抽样法。由内部审计人员针对具体的内部控制业务流程，按照业务发生频率及固有风险的高低，从确定的抽样总体中抽取一定比例的业务样本，对业务样本的符合性进行判断，进而对业务流程控制运行的有效性做出评价。

（七）实地查验法。由内部审计人员对财产进行盘点、清查以及对存货出、入库等控制环节进行现场检查。

五、内部控制自我评估底稿和报告要求

（一）内部审计人员应当将内部控制自我评估过程中相关管理人员对内部控制的意见、建议以及评估结论等记录于工作底稿中，并据此提出改进内部控制的建议，编制内部控制自我评估报告。

（二）内部审计人员应当将内部控制自我评估报告及时反馈给审计单位及参与内部控制评估的相关管理人员，以便其及时采取有效措施改善有关业务活动及其内部控制。

第八节

高校内部控制自我评估的若干思考

（一）高校内部控制不是单一制度，而是一系列控制方法、保证措施和业务程序。内部控制是指学校及所属单位为了实现教育事业发展目标，保证资金、资产、资源的安全、完整，并得到合理有效利用；保证会计信息真实、准确，有效预防舞弊和腐败，提高运营效率效果，保证有关法律、法规、规章的贯彻实施而

制定与实施的一系列控制方法、保证措施和业务程序。

（二）高校内部控制的目标只能是合理保证而做不到绝对保证。单位内部控制的目标是合理保证单位经济活动合法合规、资产安全和使用有效、财务信息真实完整，有效防范舞弊和预防腐败，提高服务的效率和效果。但要清楚，单位内部控制的目标只能做到合理保证而非绝对保证。正确理会内部控制的目标，可以让审计人员和管理人员清楚任何制度、措施都会存在不足之处，不能过分相信和依赖某一制度，在制定和实施某一制度的同时还要设法找到弥补某一制度缺陷的其他办法。

（三）高校内部控制审计的主体既可以是国家审计机关，又可以是社会审计组织和高校内部审计机构。那种认为行政事业单位内部控制审计主体应由财政、审计和监察部门共同组成，注册会计师或内部审计部门不宜单独充当审计主体[①]的观点是错误的。注册会计师熟悉内部控制业务，单位内部审计部门更加了解单位内部控制存在的问题，他们发表的意见会更客观。

（四）高校各部门之间的控制方法、保证措施和业务程序相互渗透、相互影响。高校各部门、各单位都有责任建立健全内部控制制度，保证内部控制的有效执行，预防和减少人为错误、串通舞弊、超越制度、环境变化及成本限制等因素对内部控制执行的影响。单位负责人对本单位内部控制的建立健全和有效实施负总责。

（五）学校各部门、各单位及所属企事业单位应当切实做好内部控制的实施工作。具体工作包括梳理单位各类经济活动的业务流程，明确业务环节，系统分析经济活动风险，确定风险点，选择风险应对策略，在此基础上根据国家有关规定建立健全单位各项内部管理制度并督促有关工作人员认真执行。

（六）高校开展内部控制审计时，既要考虑控制体系的建设情况，又要兼顾成本效益原则。高校内部控制审计的内容主要包括对教学管理、科研管理、财务管理、资产管理、采购管理等活动中内部控制体系的健全性、有效性进行的确认和咨询。审计部门开展内部控制审计时，要结合本单位内部审计资源和实际情况，既可以对单位内部控制进行全面确认和咨询，也可以对单位内部控制的组成部分进行确认和咨询。

① 毛腾飞.行政事业单位内部控制审计概念框架构建[J].中国内部审计，2016（12）：4—7.

（七）高校开展内部控制审计，既需要考虑审计工作质量，又要考虑审计工作的规范性。为规范学校内部控制审计工作，保证审计工作质量，高校内部审计部门在开展内部控制审计之前，需要根据《审计法》《审计署关于内部审计工作的规定》《中国内部审计准则》《行政事业单位内部控制规范（试行）》《教育系统内部审计工作规定》以及各省教育系统内部审计工作规定，结合学校实际情况，制定内部控制审计办法，依法依规开展内部控制审计工作，保证审计工作的独立性、权威性和有效性。

（八）内部审计与内部控制是孪生兄弟，内部审计最该关注的是内部控制①。高校内部审计部门应当定期或不定期检查单位内部控制建设与运行情况，及时发现内部控制存在的问题并提出改进建议，每年提交学校内部控制自我评价报告。学校应将内部控制审计作为内部审计的重要内容，被审计单位的内部控制是否健全和有效，应当纳入被审计单位财务收支和领导干部经济责任审计的重要内容。

高校开展自我评估可以参照表19–1从单位和业务两个层面进行评价。

① 乔春华.高校管理审计研究[M].南京：东南大学出版社，2016：165.

表19-1 高校内部控制基础性评价指标评分表

类别	评价指标	评价要点（分值）	评价得分
单位层面（60分）	内部控制建设启动情况（14分）	1.1 成立内部控制领导小组，制定、启动相关工作机制（4分）	
		1.2 开展内部控制专题培训（3分）	
		1.3 开展内部控制风险评估（3分）	
		1.4 开展组织及业务流程再造（4分）	
	主要负责人支持态度情况（6分）	2.1 单位主要负责人主持召开会议讨论内部控制建立与实施相关的议题（2分）	
		2.2 单位主要负责人主持制订内部控制工作方案，健全工作机制（2分）	
		2.3 单位主要负责人主持开展内部控制工作分工及人员配备等工作（2分）	
	对权力运行的制约情况（8分）	3.1 权力运行机制的构建（4分）	
		3.2 对权力运行的监督（4分）	
	内部控制制度完备情况（16分）	4.1 建立预算管理制度（2分）	
		4.2 建立收入管理制度（2分）	
		4.3 建立支出管理制度（2分）	
		4.4 建立采购管理制度（2分）	
		4.5 建立资产管理制度（2分）	
		4.6 建立建设项目管理制度（2分）	
		4.7 建立合同管理制度 （2分）	
		4.8 建立决策机制制度（2分）	
	不相容岗位分离控制情况（6分）	5.1 对不相容岗位与职责进行有效设计（3分）	
		5.2 不相容岗位与职责得到有效的分离和实施（3分）	
	内部控制管理信息系统功能覆盖情况（10分）	6.1 建立内部控制管理信息系统，功能覆盖主要业务控制及流程（6分）	
		6.2 系统设置不相容岗位分离并体现其分离需求（4分）	

（续上表）

类别	评价指标	评价要点（分值）	评价得分
业务层面（40分）	预算业务管理控制情况（7分）	7.1 对预算进行内部分解并审批下达（3分）	
		7.2 预算执行差异率（4分）	
	管理控制情况收支业务（6分）	8.1 收入实行归口管理和票据控制，做到应收尽收（2分）	
		8.2 支出事项实行归口管理和分类控制（2分）	
		8.3 举债事项实行集体决策，定期对账（2分）	
	采购业务管理控制情况（7分）	9.1 采购信息公开透明，市场询价充分（4分）	
		9.2 落实政府采购政策（2分）	
		9.3 采购方式变更和采购进口产品报批（1分）	
	资产管理控制情况（6分）	10.1 对资产定期核查盘点、跟踪管理（4分）	
		10.2 严格按照法定程序和权限配置、使用和处置资产（2分）	
	建设项目管理控制情况（8分）	11.1 履行建设项目内容变更审批程序（2分）	
		11.2 及时编制竣工决算和交付使用资产（2分）	
		11.3 建设项目超概算率（4分）	
	合同管理控制情况（6分）	12.1 加强合同订立及归口管理（3分）	
		12.2 加强对合同履行的控制（3分）	
合计（100分）	评价总分		

本评价表根据2016年广东省教育厅关于开展行政事业单位内部控制基础性建设评价表修改而成。

高校开展内部控制审计时，可参照表19-2的程序安排每一步的工作。

表19-2　高校内部控制审计流程图

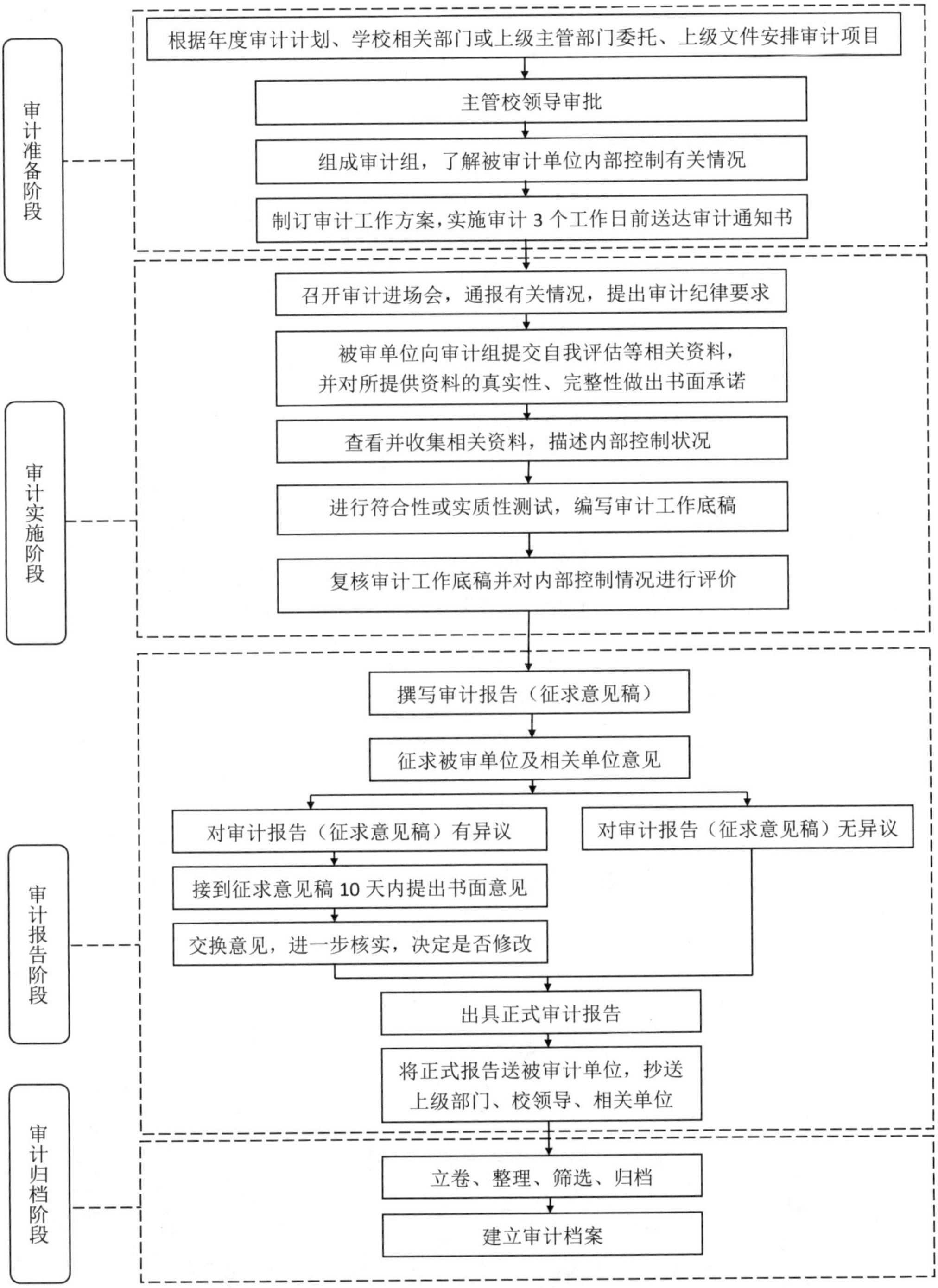

主要参考文献

[1] 李敏.企业内部控制规范[M].上海：上海财经大学出版社，2016.
[2] 周庆西.高校管理审计研究[M].天津：天津人民出版社，2010.
[3] 娄权.企业内部控制精要[M].广州：暨南大学出版社，2014.
[4] 财政部会计司，中国会计报社.行政事业单位内部控制建设：理论与实践[M].北京：经济科学出版社，2015.
[5] 黄达人.大学的声音[M].北京：商务印书馆，2012.
[6] 贺志东.企业内部控制实务[M].北京：电子工业出版社，2015.
[7] 白小刚.企业失败与内部控制建设[M].北京：航空工业出版社，2013.
[8] 乔春华.高校管理审计研究[M].南京：东南大学出版社，2016.
[9] 邵积荣.高校管理百思[M].贵阳：贵州大学出版社，2016.
[10] 宋文秀.高校内部控制规范实施探析[J].财会研究.2015（2）：37—39.
[11] 毛腾飞.行政事业单位内部控制审计概念框架构建[J].中国内部审计，2016（12）：4—7.
[12] 乔春华，宋海荣. 论高校预算控制在会计控制中的核心地位[J].会计之友，2015（14）：81—84.
[13] 王春晖，曹越.内部控制视角下对高校经济合同管理的思考[J].会计之友，2016 （19）：87—91.

后记

多年岗位实践让我深切感觉到管理工作是一门“管人做事”的学问。管理离不开内部控制，单位规模越大，内部控制越重要。在学校审计岗位工作的几年里，更让我体会到要当好“保健医生”，发挥好内部审计的“免疫系统”功能作用，就不得不研究和应用“内部控制”。故而，我决定花大力气，深入而系统地研究内部控制问题，并结合工作体会撰写成书，一方面通过梳理可以使自己的观点更加全面准确，另一方面希望能够推动内部控制的广泛应用，为高校的持续健康发展做出贡献。

为此，我阅读了多部关于内部控制方面的专著及多篇关于高校内部控制方面的论文，这些老师的观点极大开阔了我的视野，打开了我的思路，让我能够“站在巨人的肩膀上看得更远”，还有财政部、教育部和审计署有关内部控制方面的政策规定也给了我很大的启发。此外，本书在打印、校对过程中得到了汪洋、曹秀丽、陈思宁、林丰强等多位同事、林晓雪同学以及我的家人的帮助，羊城晚报出版社编辑部的各位老师在专著的封面设计、篇章编辑和文字校对等方面给予悉心指导，在此一并表示感谢！

由于本人水平有限，书中难免会有错漏之处，恳请读者批评指正！

邵积荣

2017年6月9日